『国家2011计划』出土文献与中国古代文明研究协同创新中心成果

中国通史 肆

辽西夏金元

总撰稿 ◎ 卜宪群
撰 稿 ◎ 中国社会科学院历史研究所

华夏出版社
安徽教育出版社

图书在版编目(CIP)数据

中国通史.辽西夏金元／卜宪群总撰稿.——北京：华夏出版社；合肥：安徽教育出版社，2016.5（2024.1重印）
ISBN 978-7-5080-8666-8

Ⅰ.①中… Ⅱ.①卜… Ⅲ.①中国历史－辽宋金元时代 Ⅳ.①K20

中国版本图书馆CIP数据核字（2015）第278069号

中国通史——辽西夏金元

总 撰 稿：卜宪群
撰   稿：中国社会科学院历史研究所
责任编辑：杜晓宇 董秀娟 王　敏
责任印制：顾瑞清

出版发行：华夏出版社有限公司　安徽教育出版社
经　　销：新华书店
印　　装：三河市万龙印装有限公司
版　　次：2016年5月北京第1版
　　　　　2024年1月北京第12次印刷
开　　本：787×1092　1/32开
印　　张：7.75
插　　页：4
字　　数：153千字
定　　价：49.00元

华夏出版社有限公司 地址：北京市东直门外香河园北里4号 邮编：100028
网址：www.hxph.com.cn 电话：（010）64663331（转）
若发现本版图书有印装质量问题，请与我社营销中心联系调换。

陈国公主和驸马合葬墓 辽

庆陵墓室 辽

彩绘泥塑菩萨像　西夏

金盏托　西夏　　双凤纹青花玉壶春瓶　元

元人射猎图（局部）

壁画《夫妻对坐图》 元

《中国通史》总目

第一卷《从中华先祖到春秋战国》

第二卷《秦汉魏晋南北朝》

第三卷《隋唐五代两宋》

第四卷《辽西夏金元》

第五卷《明清》

总撰稿 ◎卜宪群

撰 稿 ◎张国旺（契丹兴起——西夏兴亡）

撰 稿 ◎刘 晓（蒙古兴起——元顺帝妥懽帖睦尔）

第四卷 《辽西夏金元》

001	契丹兴起	
021	西辽建国	
043	完颜阿骨打	
057	金朝兴亡	
069	辽金文化	
085	西夏兴亡	
107	蒙古兴起	
131	忽必烈大帝	

155	两都巡幸	
175	大元帝师八思巴	
193	海上丝绸之路	
209	马可·波罗与中国	
225	元顺帝妥懽帖睦尔	

契丹兴起

内蒙古赤峰市巴林左旗辽祖陵

  北部中国广袤的草原上,一直以来生活着很多游牧部落。成群的牛羊、奔驰的骏马,绘制出一幅幅美丽的画卷。肥美的牧草、清澈的河水,点缀着碧蓝的天空,令人神往。匈奴、突厥、回鹘,这些盛极一时的马背民族用他们特有的方式,与汉族及其他少数民族一起充实着悠久的中华文明。然而他们不久便消逝在历史的长河之中,留给我们的只有那些未解之谜。

  随着突厥势力的衰落,它统治下的一支少数民族——契丹族逐渐发展壮大起来。后梁贞明二年(916年),契丹族领袖耶律阿保机称帝,建立了盛极一时的契丹王朝。辽大同元年(947年),耶律德光改国号为辽,之后辽王朝与北宋王朝形成了南北对峙的局面。特别是"澶渊之盟"后,南北双方都获得了良好的发展机遇。

契丹的早期历史。 追寻契丹的族源还得从一个美丽的传说开始。《辽史》记载：很久以前，一个骑着白马从老哈河而来的男子和一个驾青牛车从西拉木伦河而来的女子在辽河相遇后结合了，生了八个儿子，后来繁衍成契丹的八个部落。

现存的《施甸长官司族谱》中绘有青牛白马图，描述了这对男女相遇时的情景，图中的山丘是木叶山，山麓的八棵劲松象征着契丹的八个部落。对于这一传说，最为可能的解释应该是：从老哈河而来的以白马为图腾的部落与从西拉木伦河而来的以青牛为图腾的部落在两河汇流的辽河相遇后结合，繁衍出八个部落。

这个传说传递出两个信息。第一个信息：老哈河和西拉木伦河流域是契丹文化的发祥地，而两河交汇的辽水正是契丹族发展壮大起来的地方。之后他们改契丹为辽，和辽水有着密切的关系。

第二个信息：青牛和白马是契丹族的图腾。《辽史》记载，契丹部每次出征前，都要以青牛和白马作为牺牲，来祭告天地和祖庙，祈求天地和祖先保佑他们此举大获全胜。

"契丹"一词最早出现在 6 世纪魏收所撰的《魏书》中。它的本意是"镔铁"。契丹出自东胡，与匈奴、鲜卑和奚族同源。契丹人有着坚强的意志。隋朝时，由于不愿臣服于突厥，他们就迁居到今天的西拉木伦河流域。为抵御外敌侵袭，组建了松散的、临时的部族联盟。

他们从各部中选举智勇双全的人做首领,过着"逐寒暑,随水草畜牧"的游牧生活,渔猎也是他们获取食物的重要渠道。契丹男子有着髡发的习惯,他们多将头顶的毛发剔除,散发垂于两鬓。能够扑杀猎物的海东青成为他们最好的伙伴。随着畜牧和渔猎获得物的增多,他们开始向中原朝贡,并通过互市与中原进行物资交流。

从最初依附突厥,到最终崛起,契丹族经历了大贺氏部落联盟和遥辇氏部落联盟两个阶段。隋末唐初,契丹部首领都在大贺氏内部选举产生。唐太宗时,契丹降唐。唐朝在契丹部族游牧的地方设立了松漠都督府,由大贺氏首领担任松漠都督,其他各部则设立了州,由八部首领担任刺史。契丹内部事务由松漠都督和各州刺史来管理。大贺氏在唐王朝的庇护下,稳固了对契丹各部的控制。

随着大贺氏部落领袖地位的瓦解,开始了遥辇氏部落联盟时期。这一时期契丹可汗从遥辇氏部落内部选举产生。契丹可汗仍然身兼松漠府都督一职,不时向唐王朝朝贡,保持着同中原的密切关系。

在唐朝的羽翼之下,契丹获得了良好的发展机会。唐末藩镇割据,唐王朝苟延残喘,无力回天,契丹开始不断南下骚扰唐北部边境。其他藩镇也无暇北顾。拥有如此良好的外部局势，一个强大的契丹王朝便指日可待了。

耶律阿保机建立契丹国。一个民族的发展往往系于民族的杰出人物。契丹族的发展历史上，耶律阿保机是个关键性的人物。良好的外部局势、显赫的家族背景以及个人的雄才大略，使他被推到了契丹历史发展的前台。

辽祖州，即辽太祖耶律阿保机的奉陵邑，遗址位于辽上京遗址西南约二十五公里的山谷中，即今内蒙古赤峰市巴林左旗哈达英格乡石房子村西古城址。祖州城金碧辉煌的宫殿早已无存，只有一座由巨大石板构成的称作"石房子"的石室，孑然立于荒城废墟之中。

耶律阿保机生于唐咸通十三年（872年）。耶律是他的族姓，阿保机是他的契丹语名字，汉名"亿"。他所在的部落是契丹诸部中最强大的一部——迭剌部。迭剌部的耶律氏在遥辇氏部落联盟时期世代充任军事首领（夷离堇），统率军马。他的祖父、叔伯父都曾做过军事首领。这样就使他有机会担任契丹部落的军事首领。

史书记载，阿保机刚生下来的时候就会爬，身体像三岁的儿童；三个月就能行走、讲话,并能未卜先知。年幼时,就常常谈论军政要务,就连他担任军事首领的伯父遇到疑惑都要咨询他。成年后的阿保机身材魁梧,智勇双全,善骑射,很早就统率军队,在对外战争中发挥着他的智慧和才能。唐天复元年(901年),遥辇氏痕德堇可汗任命阿保机为迭剌部的部族首领。同年十月,阿保机又被委任为大迭剌府军事首领。这样,阿保机集契丹迭剌部军政大权于一身。阿保机担任迭剌部首领后,依靠强大的武力,对中原诸割据势力采取远交近攻的策略,占领了代北地区,并将代北居民迁徙至辽地。随着势力的不断壮大,他吞并了其他诸部,最终建立了盛极一时的契丹王国。

此时的中原正值五代十国时期,后梁和后晋正在为逐鹿中原而杀得你死我活。这为阿保机提供了良好的外部环境。916年,阿保机祭告上天,即皇帝位,称"天皇帝",建元"神册"。

契丹文字的创制。阿保机即位后开始着手制度和文化建设。他派汉人在临潢,也就是今天的内蒙古巴林左旗林东镇以南的波罗城,兴建皇都。契丹人叫它"西楼",也就是后来的辽上京。

建国之前的契丹人刻木为契,没有文字。神册五年(920年),阿保机命令耶律突吕不和耶律鲁不古在汉人的帮助下,以汉字隶书增减笔画,或直接借用汉字,创制了契丹大字。契丹大字有三千多个。

后来,阿保机的皇弟迭剌参照回鹘字对大字进行了改造,创制了契丹小字。契丹小字是拼音文字,有三百多个表音符号,称为原字。若干原字拼在一起,组成契丹词语。金明昌二年(1191年),契丹文字才被禁止使用。

近数十年来,两种契丹文字的碑刻均有发现,而以契丹小字文字资料居多。国内外学者已释读出契丹小字词语四百多条,构拟出一百多个原字的音值。但因与汉字对译的资料较少,释读工作仍在艰难进行。

神册六年(921年),阿保机制定和完善了法律,制定了一部成文法《治契丹及诸夷之法》。这部法律既保留了北方游牧民族习惯法的传统,又深受唐朝法律的影响。其刑罚比唐律严厉得多。契丹和其他少数民族犯罪根据这部法律来判定,汉人犯罪则根据唐律来处罚。

他的这些措施都为辽朝的发展奠定了坚实的制度基础。

辽统一塞北与进军幽云。阿保机在巩固了对契丹各部的统治后,随即开始扩张。他相继征服了奚族、乌古、黑车子室韦、鞑靼、回鹘和渤海国,基本上完成了统一塞北的目标。阿保机还展示出南下夺取幽、蓟以至黄河以北的巨大野心。契丹神册元年(916年)十二月,阿保机借晋王李存勖与后梁战争之际,收编了

辽墓壁画《出猎图》

李存勖位于山北的八个军镇。此后两次进攻幽州。契丹天显元年（926年），他在接见后唐使者姚坤时纵论契丹与后唐的关系，表达了他南下夺取汉地的野心。但事不遂人愿，不久阿保机病死。他的愿望只能由他的儿子耶律德光来完成了。

耶律德光帮助石敬瑭建立了后晋。作为回报，契丹取得了幽、蓟、瀛、莫、涿、檀、顺、新、妫、儒、武、蔚、云、应、寰、朔十六州。但契丹建立统一王朝的野心不泯。947年，耶律德光进入开封，灭掉了后晋。二月初一，他穿戴上中原皇帝的绛纱袍和通天冠，在开封登基，下诏建国号为"大辽"，改元"大同"，做了中原的皇帝，他就是辽太宗。但他纵容骑兵四处以牧马为名抢掠粮草，名曰"打草谷"；随意搜刮人民财产；任用契丹部族首领和通事管理汉地。这些措施受到中原民众的抵制。他深知政权不稳，无法在中原立足，被迫北撤，在途中身亡。

这一时期，契丹不断南下，掳掠了数以万计的汉人。也有一些汉人不堪忍受当地政权的残暴统治逃亡到契丹。阿保机等契丹统治者用当时管理奴隶的办法将若干人户整编为团、保等组织，以其中一人充当团头或保头，余下的称之为"头下户"。后来发展成"头下军州"，正式纳入国家行政体系。"头下户"不仅要向头下主缴纳收获物，还要向政府缴纳赋税。目前可考的辽朝头下军州约有四十余个。

阿保机时，契丹基本上形成了因俗而治的指导思想。辽太宗大同元年，北、南面官制度已经成型，从而完成了由契丹部落联盟制向中央集权制的转变。

辽朝官制有"北面""南面"之分，与契丹族崇尚太阳有关。契丹皇帝的御帐朝东，中枢官员分列南北，两面官衙也分别在御帐的南北两侧。北面官掌管宫帐、部族、属国等契丹部族事务，上朝时多戴金冠，身着紫袍，数量有一百多人。南面官治汉人州县、租赋、军马等事务，上朝时穿青紫袍服，数量只有几十人。

北面官以契丹制度治理契丹人，南面官用汉制治理汉人。北、南枢密院分别是北、南面官中的宰辅机构，北枢密院更是辽朝最高的军事、行政机构。北枢密院以下官制大量保存了契丹旧制，杂糅了突厥、回鹘和汉族政权的职官名称。

地方上也是如此。契丹、奚和其他草原民族居住地实行部族制，按地域分成十部，设节度使管理。汉人和渤海人居住地根据汉制设置州县。因俗而治的北南面官制度为辽王朝走向繁荣提供了制度上的保障。

萧太后临朝听政。阿保机建立了契丹王朝，仅是契丹发展史上的一个契机。萧太后辅佐辽景宗、辽圣宗对辽朝的治理则将辽朝推向了顶峰。

辽代鸣镝,内蒙古赤峰市大营子辽驸马墓出土。鸣为响声,镝为箭头,鸣镝就是响箭,它射出时箭头能发出响声。《史记·匈奴列传》记载了鸣镝的来历。

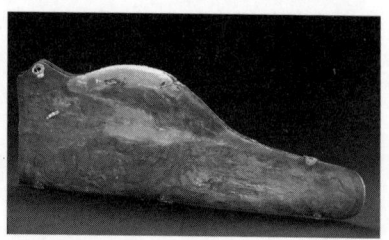

辽代木弓囊,内蒙古通辽市奈曼旗陈国公主墓出土。

萧太后小字燕燕,汉名绰,出生于辽应历三年(953年)。她的父亲是辽朝北枢密院使兼北府宰相萧思温。她的母亲是辽太宗的长女吕不古。有一次,萧思温观察他的女儿们扫地,只有萧燕燕打扫得最干净。萧思温高兴地说:"此女必能成家。"萧燕燕十七岁的时候被辽景宗耶律贤纳为贵妃,随即被册为皇后。据现有的文献和考古文字记载,契丹人早婚比较普遍,女子十三四岁结婚的不在少数。萧燕燕十七岁嫁入宫中,已经属于晚婚了。

契丹实行氏族外婚制。契丹本来没有姓氏,只是以他们各自的居所称呼他们的部族。耶律阿保机建国后,以所居之地来表示阿保机家族的姓氏,同时为笼络大贺、遥辇等势力,将他们与皇族定为同姓。萧氏是辽太宗灭掉后晋之后,依照汉制制定的。"拔里""乙室己"以及来自回鹘的"述律"三姓都被认定为萧姓。据蔡美彪先生考证,契丹以后族为萧氏的时间当在辽景宗时。契丹同姓不结婚的原则一直保持下来,在辽统治集团中反映为皇族(耶律氏)和后族(萧氏)形成了固定的婚姻关系。

辽景宗由于四岁时目睹辽世宗被杀的惨状,遭受惊吓,常年卧病于榻。辽朝对内的刑赏政事,对外的用兵征讨,都由萧皇后裁定。保宁八年(976年),辽景宗吩咐史馆学士说,今后书写皇后的话,也要称"朕"及"予",并作为定式。这样萧皇后成为辽朝事实上的掌权者。此后,辽人把皇后与皇帝一样看待,两者被称为"宫中二圣"。在萧皇后的支持下,景宗进行了一些改革,特别是重用了大量汉人官员,使他们在统治机构中占有重要的地位。这样使辽朝内部政治更为稳定,生产得到了较好的发展,为辽朝走向鼎盛奠定了良好的基础。

景宗去世后,圣宗耶律隆绪即位。当时圣宗仅有十二岁。萧燕燕奉遗诏辅佐幼主。她任用耶律斜轸和韩德让分别为北、南枢密院使,并让韩德让执掌宫卫禁军,派耶律休哥统领南面军务,从而基本上控制了朝廷内外大权。统和元年（983年）六月，她被尊奉为承天皇太后。七月一日，萧太后正式临朝听政，开始了历史上著名的承天太后摄政时期。

萧太后摄政后，依靠契丹族和汉族大臣，在政治、军事和经济诸方面进行了大胆的改革。她和圣宗一起将贵族所拥有的部曲归入州县，奴隶整编为部民，设节度使来管理，这样解放了大批奴隶。她还下令解放俘虏和债务奴隶，采取措施使新俘虏的汉民不再沦为奴隶。他们重视农牧业发展，多次遣使劝农，赈济灾民，注意减轻人民负担，并鼓励垦荒。以上措施保持了社会秩序的安定，同时促进了生产的发展。

辽景宗时，宋朝已经强大起来，灭掉了南唐。辽朝已经意识到强大的宋王朝一定会推进统一战争。这种情况下，景宗实现了战略转移，由原来的联合江南、北汉对抗中原转移到固守幽、蓟。辽宋的力量对比处于大致均衡的状态。不断增强的国力使辽政权对周边各政权的影响日益扩大。统和七年（989年），辽圣宗封党项贵族李继迁为夏国王，确立了同夏的宗藩关系。而东部的女真、乌惹、乌古、敌烈、阻卜、高昌回鹘等部落相继成为辽朝的属部。

统和四年（986年），宋军分三路伐辽，辽击败了北宋的北

北宋《契丹使朝聘图》

伐,继而转守为攻。迫于战略上的考虑和巩固政权的需要,统和二十二年(1004年),萧太后与辽圣宗亲率大军南下犯宋。不久,辽相继攻占了遂城、望都、祁州、定州、瀛州等地,兵临澶州城下。但由于他们对宋军实力估计不足,屡遭败绩,士气受挫。同年,辽宋签订"澶渊之盟"。

双方约定,宋每年送给辽朝白银十万两,绢二十万匹,双方互守疆界,互不相扰。"澶渊之盟"结束了双方无休止的战争,为辽朝的经济发展赢得了绝好的发展时机。辽宋之间冲突减少,联系加强。双方正式互称南、北朝,成为兄弟之邦。辽宋之间

内蒙古赤峰市巴林左旗辽上京遗址　　内蒙古赤峰市宁城县辽中京大明塔

设立了榷场，辽朝可以从宋购进茶叶和粮食等，宋朝则从契丹购进北珠和马匹等。

在契丹王朝发展的过程中，一些汉人官员也发挥着重要的作用。蓟州玉田韩氏便是其中最具代表性的家族。玉田韩知古最初被述律氏俘虏，后作为阿保机皇后的陪嫁私奴，归从阿保机。他深得阿保机的赏识，也因此成为契丹境内管理汉人事务的最高官员，还兼管诸国礼仪。当时契丹政权制定的法律制度，就是主管此事的韩知古糅合契丹草原习俗和中原汉地的法规礼仪制定的。辽景宗、圣宗时期汉人官员都得到重用。

韩知古的儿子韩匡嗣得到景宗的重用，有了自己的领地。他的子弟也纷纷步入仕途，子女与后族萧氏通婚。这样抬高了韩氏的地位。

韩匡嗣的儿子韩德让时，韩氏地位更是到了登峰造极的地步。韩德让充任南院枢密使，并辅佐萧太后主政。后来萧太后将北院枢密使的头衔也给了他。这样，韩德让集辽朝蕃汉军政大权于一身。萧太后提高韩德让的地位，一是巩固自己地位的需要，一是他们之间的亲密关系。统和二十二年，萧太后赐韩德让姓耶律，封晋王，并肯定其为皇族。从此韩氏家奴的身份得以改变，成为契丹贵族中的一员。

萧太后死后，葬在医巫闾山。辽圣宗赐韩德让名隆运，并赐住宅和陪葬地。韩德让跟从圣宗东伐高丽，回师时重病，圣宗和皇后甚至为之亲奉汤药。他死后，圣宗和皇后、诸王、公主以及大臣都制服行丧。他的葬礼遵照萧太后的规格。灵车启动时，圣宗亲自挽拉灵车哭送。最终，韩德让被葬在萧太后墓旁。

辽五京的修建。契丹王朝根据汉制建立了五座城池：上京临潢府、南京析津府、东京辽阳府、中京大定府和西京大同府。

辽上京是中国游牧民族在北方草原地区建立的第一座都城，在今内蒙古巴林左旗林东镇以南的波罗城。神册三年（918年），耶律阿保机建成皇都。会同元年（938年），将皇都改为上京，立临潢府。史书称该地"负山抱海，天险足以为固，地沃宜耕植，水草便畜牧"。该座城市分为皇城和汉城，是契丹因俗而治政策的体现。皇城的建筑根据契丹崇尚太阳的习惯，门都向东。汉城在皇城的南面。后晋县令胡峤描绘当时皇都的盛况："西楼有邑屋市肆，交易无钱而用布，有绫锦诸工作、宦者、翰林、伎术、教坊、角抵、秀才、僧尼、道士等，皆中国人，而并、汾、幽、蓟之人尤多。"这些"中国人"应该住在南部的汉城。

辽南京是当时最为繁华的都市。会同元年，升幽州为南京，立析津府。辽南京城址位于今北京市西南广安门外。周长二十七里。经考古调查发现，南京城的东、西、南、北城墙均有部分遗迹存在。皇城位于城西南隅。宫殿遗址在西城垣南端，东北隅有角楼。具体位置应在今南线阁胡同。城内有纵横交错的街道，有坊市、寺观等建筑。

此外，辽太宗时，改南京东平府为东京辽阳府（今辽宁辽阳）。圣宗统和二十五年至二十六年（1007—1008年），营建了中京大定府（今内蒙古宁城）。辽兴宗重熙十三年（1044年），升云州为西京大同府（今山西大同）。这样辽代设立了五京。

内蒙古赤峰市宁城县辽中京遗址

地域不同，五京的作用也不尽相同。上京是辽四部族的游牧地，后来迁入了大批的汉人和渤海人，农业、手工业、商业都有一定的发展。东京用来控制渤海、女真，防御高丽。西京防御西夏和西南各游牧民族。南京、中京经济发展水平较高，是辽代财政的重要来源地。但严格说来，辽代的五京都不是契丹的政治中心，真正的政治中心是流动的捺钵。

四时捺钵制。辽代君主始终保持着先人游牧和渔猎的传统，逐水草而居。四个季节都有不同的行宫，称为捺钵。统和二十二年，辽宋议和之后，四时捺钵的地点大体形成定制。春捺钵的地点在长春州的鱼儿泺（今吉林大安境内），夏捺钵的地点在永安山，秋捺钵的地点在庆州（今内蒙古巴林右旗西北白塔子）西部诸山，冬捺钵的地点在广平淀，也就是今西拉木伦河与老哈河合流处的一片平原。

辽庆陵的壁画中绘有反映四时捺钵的四季山水。四时捺钵分别有春水、秋山、坐冬、坐夏等名称。主要活动为春捕鹅、捕鱼，夏放鹰，秋射鹿，冬猎虎。

北宋的晁迥曾出使辽国，记载下了捺钵时的情景：春天在长泊这个地方，泊里野鹅、野鸭很多。辽主打猎时，让帐中卫士击打扁鼓，惊扰野鸭野鹅，让它们飞起，然后放海东青追击，或者是亲自射杀。辽人都佩带着金玉锥，称作杀鹅杀鸭锥。每有收

契丹兴起

辽庆陵壁画《四季山水图》

获，他们就把猎物拔掉毛，串起来，坐在扁鼓上纵饮。也有用铜和石头做成锤来锤杀野兔的。夏天贵族们在帐里下围棋或双陆棋，还有的到深涧放鹰。秋天穿着褐色的裘衣呼喊着惊扰鹿，然后射杀之。冬天射虎。

捺钵是皇帝日常活动的场所，也是他从事政治活动的场所。捺钵之时，大部分贵族和高级官员都随从前往。冬夏捺钵还要召开北南臣僚会议，商讨军国大事，决定高级官员的任免。

长时间的安逸生活似乎减弱了契丹民族的斗志。契丹贵胄们似乎仍然沉浸在逐水草而居的游牧生活之中。而此时女真的崛起，政权内部的斗争，其他民族的反抗，加之宋辽关系的转变，冥冥之中注定了契丹王朝的结局。盲目自大的天祚帝最终失去了可以据守的冬捺钵之地——广平淀，曾经盛极一时的契丹王朝就此消亡了。

辽末，海东青之争激发了辽与女真的矛盾。契丹王朝的四处皇家陵寝和两个发祥地的陵墓都受到女真的破坏。辽皇族耶律大石仓皇西逃，在西域称帝，国号仍称辽，史称西辽。西辽延续八十余年，1218年被蒙古所灭。

蓦然回首，契丹王朝已经逝去。我们只能从它所留下的残砖碎瓦和几本薄薄的书册中寻觅它的踪影，感受契丹王朝的存在，叹息契丹文化的魅力。

西辽建国

中亚古城遗址

"澶渊之盟"留下的遗产足够契丹贵胄安静地享受生活。辽朝在圣宗时达到鼎盛。辽道宗更是认为契丹族"文质彬彬",已经不再是"荡无礼法"的夷狄之邦。然而,好景不长,盛极一时的辽朝逐渐走向衰落,最终被来自东北的女真族灭亡。契丹贵族们并没有甘心失败,仍妄图重整河山,"以光中兴"。耶律大石就是其中杰出的代表。他西走中亚,以虎思斡耳朵为中心,建立了西辽王朝。

西辽,中亚和西方史籍中称之为"哈剌契丹"(Qara Khitay)。正如蔡美彪先生所指出的,"正像南迁的南宋是北宋的继续一样,西迁的西辽也是辽朝的继续"。契丹贵族和其他民族一起创建了西辽灿烂的文化,书写了中国和中亚历史上光彩的一页。

接二连三的宫廷内讧。景福元年（1031年），辽圣宗即将死去。他继承母亲萧太后的事业，使辽朝国力达到最高峰，称得上一代圣君。但他临死前始终放不下一件事，所以特地在遗诏中告诫他的继承人耶律宗真：千万不要与生母杀掉齐天皇后。

齐天皇后生过两个儿子，但都夭折了。宫女萧耨斤为辽圣宗生下了耶律宗真。齐天皇后对耶律宗真养如己子，引起萧耨斤的怨恨。辽圣宗知道，一旦萧耨斤得势，以她的性格，很容易报复齐天皇后。如果这样，不只是皇宫将发生内讧，大辽王朝也免不了陷入内讧的泥淖。

辽圣宗深知内讧与国家衰亡的关系。他想竭力阻止内讧尤其是宫廷内讧的发生。但是，悲剧还是上演了。

十六岁的耶律宗真刚刚即位，萧耨斤就马上烧毁辽圣宗的遗诏，临朝摄政。此时，齐天皇后也按照辽圣宗的遗诏成为齐天太后。辽兴宗耶律宗真对齐天太后很有感情。但萧耨斤要报"夺子之恨"。她不顾辽兴宗的阻拦，先将齐天太后囚禁起来，紧接着胁迫其自杀。

在辽兴宗即将亲政时，萧耨斤试图另立次子耶律宗元为帝。但此时的耶律宗元显然实力弱小，他将此事暗中告诉了辽兴宗。辽兴宗忍无可忍，发动军队，将彪悍的皇太后囚禁起来。

事情远没有结束。萧耨斤点燃了耶律宗元的皇帝梦，为下一轮的皇族内讧埋下了祸根。辽兴宗封耶律宗元为皇太弟，并许诺传位给他。然而，辽兴宗去世时让自己的儿子耶律洪基即位，即辽道宗。

清宁九年（1063年），辽道宗在太子山秋猎，耶律宗元及其同党发动叛乱，北院枢密使耶律乙辛等人率宿卫拼死抵抗，双方互有伤亡，而勤王军已至，耶律宗元仅带数骑逃至大漠，最终自杀身亡。

一场皇族内讧就此结束，但可怕的事情还在后面。

皇族内讧，使辽道宗对皇族至亲失去了信任，转而倚重平叛有功的耶律乙辛。耶律乙辛乘机遍结党羽，擅权自重。皇太子整饬朝政时威胁到了耶律乙辛，由此引发了皇室与权臣的直接冲突。

耶律乙辛没有直接叛乱，却使出了阴险的手段。他诬陷皇后与伶人通奸、太子结党叛乱，以此迷惑辽道宗，使得皇后、太子一一被杀。直到耶律乙辛又将毒手伸向辽道宗的皇孙——唯一的直系继承人耶律延禧时，杀妻杀子的辽道宗这才有所醒悟，最终确立了耶律延禧的皇储地位，将耶律乙辛杀死。

新疆社会科学院历史研究所所长 贾丛江

辽朝统治集团的内讧这么多，主要和两项制度有关系，一项是针对皇帝的斡鲁朵制，也叫宫卫制，每个皇帝有自己的斡鲁朵，即宫卫，有自己的军队、部曲、州县、经济收入；另外一项和皇帝斡鲁朵制有些像，叫头下军州制，主要是针对贵族大臣的，贵族本身有相对比较独立的经济和军事力量，这也是导致内讧的一个最主要的制度根源。

乾统元年（1101年），辽道宗死，耶律延禧即位，即天祚帝。在他眼中，辽朝内部在清洗耶律乙辛集团以后，已经没有什么忧患了。外部环境也是和平的，澶渊之盟后辽与宋修好，辽与西夏也保持着很好的关系，其他周边各部落均臣服于辽。在这样的情况下，天祚帝只知道享乐，沉湎于游猎，根本不理朝政。他还常常征调女真部落的首领、贵族陪自己射猎，像使唤奴隶一样，让他们呼鹿、射虎。他还向女真索要海东青和珍珠，使女真苦不堪言。他的见识也就如此而已。他并没有意识到辽朝的基础已动摇，急需加强统治以挽危局。

辽墓壁画《侍从牵马图》

新疆社会科学院历史研究所所长 贾丛江

耶律延禧在位的时候，不止是女真，在他之前的11世纪末期，实际在西北边的漠北草原上已经发生了大规模反辽的叛乱，辽朝镇压叛乱前后花费九年时间，对自身力量已造成很大损失，但是耶律延禧没有意识到这些问题。

辽朝的逐渐虚弱和女真人力量的逐渐增强形成明显的对比。女真族迫切地想要摆脱辽朝的压迫。他们组成部落联盟，形成较大的合力。当富有胆识的完颜阿骨打担任联盟长时，女真迅速崛起。完颜阿骨打率先违抗天祚帝的命令，成为女真的英雄。在他的带领下，女真内部团结起来，同仇敌忾，要与辽朝一争高低。

在首领完颜阿骨打的率领下，女真部队向辽朝发动了战争。辽军节节失利。1115年，完颜阿骨打建立金国，攻占黄龙府。九月，天祚帝率十万大军，号称七十万，发起声势浩大的亲征。金军只有两万，武器装备远远不及辽军，力量对比悬殊。天祚帝决心一举消灭女真。而金军内部也在强大的压力下产生了畏惧心理，就连首领完颜阿骨打也在悲壮的情绪中事先安排好了后事。这是一场决定辽金命运的战争。

然而，奇迹还是发生了。谁也不曾想到，拯救金军命运的力量竟然来自辽军。就在决战即将爆发之时，一支辽军悄悄离开天祚帝，直奔空虚的上京。

这支队伍由辽军都督耶律章奴率领。耶律章奴认为天祚帝昏庸无度，大辽基业迟早要坏在天祚帝手中。所以，他临阵发动政变，准备拥立天祚帝的堂叔魏王耶律淳为帝。对于辽朝来说，这次内讧是如此不合时宜。

耶律章奴的釜底抽薪之举，使天祚帝不得不赶紧从前线撤兵，平息政变。金军趁着辽军仓促撤退之际，集中兵力追击其中坚。辽军死者绵延百余里。而更主要的是，天祚帝亲征失败，严重打击了辽军的军心。

金军步步紧逼，辽军一败再败，上京陷落，天祚帝仓皇逃窜。

局面继续恶化。为夺回辽朝占领的燕云十六州，宋朝与金订立了联合灭辽的海上之盟。如此一来，辽朝腹背受敌，面临前所未有的灭国危险。

金军迅速攻陷辽中京大定府，一路追杀。天祚帝先逃到南京，接着又逃到鸳鸯泊（今河北张北西北），逃到西京，继而逃往夹山（今内蒙古武川西南）。

面对急转直下的局面，辽朝大臣们都想挽狂澜于既倒。耶律大石就是其中重要一员。耶律大石，辽太祖耶律阿保机的八世孙，不仅身份显赫，而且通晓契丹、汉文字，为文武全才。他二十九岁时考中进士，不久升迁为翰林应奉。按照辽朝科举制，只有殿试第一名才能被授予此职。耶律大石因此闻名遐迩。此后，他先后担任泰州刺史、祥州刺史等职。

天祚帝逃往夹山时,耶律大石正担任辽兴军节度使,镇守南京道,称得上是辽朝的中流砥柱。然而,当辽朝面临灭顶之灾时,耶律大石成为又一场内讧的主要成员。

耶律大石忠于辽王朝,但天祚帝弃国家于不顾的行为深深地刺痛了他。此时的他,将另立新君视为挽救辽王朝的重要举措。

耶律大石并没有意识到,在国家即将破灭的危急关头,这种另立中央的举动也是对辽王朝的致命打击。

1122年,耶律大石等人在南京析津府拥戴耶律淳为皇帝,改元建福,降天祚帝为湘阴王。这就是北辽政权。北辽政权得到许多契丹贵族的拥护,然而由于处于宋和金的强力夹击之下,形势已异常严峻。

耶律大石被委任为西南路都统,统领军队。他的英雄气魄和军事才能得到了展示,一度大败宋军。然而,怯懦的新皇帝耶律淳不久即在恐慌中死去。北辽虽然击败了宋军的进攻,但抵挡不住女真的锐兵。南京失陷,北辽难以为继。

新疆社会科学院历史研究所所长 贾丛江

在北辽这个小朝廷投靠谁的问题上,出现了争议。一部分主张降宋,一部分像西王萧干,主张直接到他的地盘西王府去,而另一部分像耶律大石主张转投天祚帝。耶律大石为什么这么考虑呢?其实这是为辽朝的命运考虑。降宋这个出路显然不行,因为降宋还是意味着辽朝消失。到西王萧干那个地方去的话,当然西王萧干也是统治集团的内部人物,但那毕竟不是契丹本族的地盘。这个时候要保持辽朝的正统,使这个王朝能够延续下去,这杆大旗就只剩下了天祚帝。

耶律大石参与了建立北辽的活动,对天祚帝来说,无疑这是一种背叛。但在北辽即将瓦解之时,耶律大石意识到,再不和天祚帝合兵一处,加强力量,辽朝就彻底完了。于是,他冒着被杀的危险,投奔西部的天祚帝。

天祚帝质问耶律大石怎敢另立山头。耶律大石回答:"陛下放弃国家而出逃,使黎民涂炭。即便立十个耶律淳,也都是太祖的子孙。难道不比向他人乞求活命强吗?"天祚帝无言以对,赦免了耶律大石并任命他为都统。

两支力量的团结,给了辽王朝最后的希望。天祚帝又招揽了一些部落,迫切地想要出兵,马上收复失地。

耶律大石保持了冷静,认为辽军当前的力量根本不是金军的对手,急于求战,绝非上策,应该积蓄力量,待时而动。然而天祚帝执意出兵,辽朝内部再次出现无法调解的争执。最后,耶律大石愤然出走。这应该是辽朝的最后一次内讧。

耶律大石在可敦称王。保大四年(1124年),耶律大石率二百铁骑连夜离开天祚帝。东面和南面是他熟悉的故土,但已经无法回去了。西北部虽是陌生的土地,但他别无选择。只有那里才有辽朝的力量，他才可能东山再起，挽救辽朝。这是一条前途未卜的艰难之旅。他要离开自己的故土，向西而行。

经过三天的艰难行程，耶律大石翻过了连绵的大青山，渡过了奔腾的黑水，到达白达达部落。契丹在这里仍有崇高的声誉，白达达首领床古儿主动献马四百匹、骆驼二十头。

短暂休整后，耶律大石继续向西北转移，穿过风沙飞扬、寸草不生的沙漠，奔向下一个目标——辽西北路招讨司所在地可敦城。艰难处境下，死亡随时降临。耶律大石越发思念美丽的故土。他一次又一次总结辽朝失败的根源，为什么如此强大的辽朝，竟在这么短的时间内就被弱小的金军打得落花流水？他最终得出结论，辽朝其实不是亡于金军，而是亡于内讧。看到自己的队伍处在生死边缘，他也不能不想，离开天祚帝究竟是对是错？然而，到了此时，耶律大石已经没有回头路了。这是历史上一次罕见的远征。绵延千里的大漠，寒冷陡峭的雪山，数不清的戈壁、河流和群山，都成了征服对象。恢复辽国，这一坚强不屈的精神和信念，成为支撑耶律大石远行的动力。

与此同时，不听耶律大石劝告的天祚帝很快被金军击溃，不得不四处逃窜，饱受饥饿、寒冷之苦，最终于保大五年（1125年）被金军俘虏。三年后，天祚帝病死在白山以东的囚所。辽朝灭亡。

辽朝灭亡时，中国主要有四股力量。最主要的是金朝和宋朝。它们在维持短暂的和平后即展开战争。金军也将主要精力放

内蒙古巴丹吉林沙漠

在对付宋朝上。西夏王朝仍然维护着自己的统治。最后一支重要力量则在西北,属于辽朝。金军虽然灭了辽朝,但辽朝在西北的军事力量并没有受到损失。在他们看来,辽朝并没有灭亡,收复失地成为他们的首要任务。

戍守在可敦城的辽朝将士听说国家灭亡的消息后,茫然不知去向。威名远扬的耶律大石来了,可敦城顿时充满了希望。

耶律大石马上召集当地七州十八部的首领,以复国为号召,聚拢人心。"共救君父,济生民于难",成为复辽的一面旗帜。耶律大石因此得到七州十八部的有力支持,迅速发展到精兵万人,战马万匹。他自称王,依照辽朝制度设立了南北面官署,完备军器，积蓄力量。西辽延庆五年（1128年），耶律大石已结集到数十万兵马，一个新的强大的国家已现雏形。

西辽建国——辽政权的延续。在可敦城称王以后，耶律大石又一次面临重大的抉择。向东？还是向西？

如果向东，意味着与金作战，收复失地。这正是耶律大石梦寐以求的。但金朝处于经济和军事的上升期，耶律大石的力量还远远不能抗衡。

如果向西，则既有机遇，又有风险。机遇是，曾经非常强大的喀喇汗王朝已经分裂成东西两部，力量明显衰退。高昌回鹘王国也进入衰落期。风险是，那里的一切都是陌生而混乱的。除东喀喇汗国、西喀喇汗国、高昌回鹘王国外，还有众多的突厥语系的部族。而这些国家和部族，又与更西的花剌子模、塞尔柱王朝、葛逻禄诸部有着千丝万缕的联系，关系非常复杂。

风沙漫天，模糊了耶律大石的眼睛。向西，意味着更大的风沙，也意味着更加远离故土。但耶律大石和他的军队别无选择，当他们远行时，风沙中传来悲壮的歌声。他们都想，现在向西，是为了以后能够向东，恢复故国。既然如此，还有什么苦难不能承受呢？

延庆七年（1130年），耶律大石率军西进，来到了高昌回鹘国。虽然是开拓疆土，但耶律大石努力传达团结与和平的信号。他借道高昌时，历数两国旧好，一再声称自己只是借道，没有其他意图。耶律大石发出的友好信息,赢得了高昌政权的好感。高昌国王毕勒哥盛情款待耶律大石,大宴三日,并赠送马匹六百匹、骆驼一百头、羊三千只,表示愿意归附耶律大石。

耶律大石没有食言,继续向西,进入喀喇汗王朝境内。在这里,耶律大石的军队受到了袭击,遭遇了一些挫折。耶律大石依然按照既定的方针,尽量不消耗自己的力量,避免大规模的战争,转而前往叶密立。不久,耶律大石率领的主力成功沿天山北麓到达叶密立河流域,并在那里建立起一座城市。

耶律大石的军队受到了周围突厥语系各部族的欢迎,他们修筑城池,招抚部众,户数很快增加至四万户。至此,经过八年的努力和奋斗,耶律大石行程数万里,开拓了一块广阔的领土,控制了东起土拉河、西至额敏河的广大地区。

延庆九年(1132年),耶律大石在叶密立正式称帝,采用突厥汗号——菊儿汗,意思是"大汗之汗",同时采用汉尊号——天祐皇帝。西辽政权由此建立,历史上又称其为哈剌契丹(黑契丹)。它是辽政权的延续。

新疆社会科学院历史研究所所长 贾丛江

西辽王朝在皇统上与辽朝一脉相承,实际上,它的典章制度、统治民族、风俗习惯、文化传统也完全是对辽朝的一种继承,它只不过是辽朝在一块新地域的延续。

耶律大石在称帝的同年，率军进入高昌回鹘王国境内，高昌毫无抵抗，归顺了西辽。耶律大石仍让回鹘汗王统治这一地区，另设"监国"以作监督。他宽容地对待各民族的人，各种信仰都得以自由发展。这样的政策，有利于团结归顺的人民。

西辽延庆九年，耶律大石要向西前往一千里以外更远的地方，与其说是转场，不如说是一次战略的转移。这次西行的目的地是位于中亚的东喀喇汗国首府巴拉沙衮。因为那里有更多的资源和机遇，有更大的发展。然而，那里同样充满了风险与变故。

唐开成五年（840年），回鹘的一支在今天吉尔吉斯斯坦托克马克以南偏西的巴拉沙衮建立了牙帐，称作"喀喇斡耳朵"，这个王朝就是喀喇汗王朝。辽重熙十年（1041年），喀喇汗王朝分为东西两部。

西辽康国元年（1134年）初，东喀喇汗国的国王伊卜拉欣无力治理好自己的国家，遂邀请耶律大石前往巴拉沙衮。这是一个千载难逢的机会，耶律大石将伊卜拉欣降为土库曼王，就此"登上了那不费他分文的宝座"。

"东北西南，左山右川，延袤万里。"耶律大石决定在巴拉沙衮建都，并将国都名字改为虎思斡耳朵（斡耳朵，即行营，这与少数民族游牧的习惯有着密切的关系，斡耳朵不仅是他们游猎的住所，也是其商讨重大事务的场所）。不久，原来东喀喇汗国国王无法治理

吉尔吉斯斯坦巴拉沙衮古城遗迹

的康里人和葛逻禄人均臣服于耶律大石。

西辽的国力成倍地提升，耶律大石想要恢复辽朝故国的念头也再次强烈起来。虽然已是尊贵无比，然而，生活在巴拉沙衮这座具有浓郁伊斯兰风格的城市当中，耶律大石内心的思绪却仍在东方。从当年西行的第一天起，他的所有举动无不以恢复辽朝故国为目的。

康国元年，在虎思斡耳朵建都后不久，耶律大石便派出七万大军开始了他的东征计划。临行前，他嘱咐军队的统帅："信赏必罚，与士卒同甘苦，择善水草以立营，量敌而进，毋自取祸败也。"此次东征，寄托了耶律大石最大的希望。

然而，由于西辽和金朝相距遥远，路途当中，自然环境恶劣，又有大漠阻隔，牛马多死，浩大的军队只能无功而返。耶律大石受到沉重的打击。他不断向西发展，始终是为了恢复东面的国土，但万万没有想到，自己已经离开故土太远太远，竟然永远无法返回了。耶律大石仰天而叹："皇天弗顺，数也。"

现实如此残酷，耶律大石最终放弃了收复辽朝失地的目标。而作为一国之主，耶律大石已再无退路。他和他的将士们，必须在西部开拓出自己的强大帝国。

新疆社会科学院历史研究所所长 贾丛江

耶律大石在中亚立足以后,当年就发动了东征。七万骑兵,对中亚这个地方来说是很大一支力量,毕竟他是新到这个地方,投入这么大一支军队,可以看出他当时对东征也有很高的期盼。这实际上是对他自己主张的一个交代,同时对当时随他来的这些西迁将士,包括契丹人、汉人还有其他一些部族的人,也是一个政治交代。东征的失败,确实对耶律大石打击很大,阻断了他以及以他为首的西辽统治集团光复故土这个政治考量。

卡特万会战——西辽成中亚霸主。恢复东方故土的努力完全失败后,耶律大石强烈地意识到,他只能往西部发展。这一次,他一反常态,选择了主动出击,进攻西喀喇汗国,击败了马合木汗的抵抗。西喀喇汗国的军队逃往萨末鞬,依附西部强大的塞尔柱王朝。耶律大石也不追击,而是巩固新占领的土地,继续关注形势的变化。

喀喇汗王朝西部是塞尔柱王朝以及附属于它的花剌子模和葛逻禄诸部。在这片辽阔的疆土上,内乱和纷争已延续了数百年。西部的形势对耶律大石来说异常严峻,但他已经别无选择,只能放眼向西。

不久,塞尔柱王朝的君主桑贾尔发动了对葛逻禄人的攻击。葛逻禄人向耶律大石求援。机会终于到来。耶律大石写信要桑贾尔放弃进攻。桑贾尔反而来信吹嘘自己的军队无所不能。耶律大石随后准备发动进攻。

这是耶律大石西进中最大的一场战役，也是震惊世界的一场战役。在西进的路途中，耶律大石从不轻易开启大的战役。但这一次，为了一个强大的帝国稳立在西部，他要集结所有力量打一场硬仗。

康国八年（1141年），激战在萨末鞬以北的卡特万展开。桑贾尔有十万多骑兵，兵力远超西辽，但耶律大石毫不畏惧。两军相望两里许。面对敌方骑兵，耶律大石鼓励将士："彼军虽多而无谋，攻之，则首尾不顾，我师必胜。"耶律大石指挥若定，分左中右三路军马强攻敌军，迫使桑贾尔军队首尾不顾，全军溃败，桑贾尔本人也向西逃跑。塞尔柱王朝的势力从此退出河中地区。这就是中亚史上著名的卡特万会战。

新疆社会科学院历史研究所所长 贾丛江

卡特万会战是当时决定中亚整个政治格局的一场决定性的战役。这场战役打完以后，中亚就是另外一种政治格局，这种格局我们现在都很清楚，就是西辽确立了在新疆、中亚地区，也就是葱岭东西地区的统治地位，统一了葱岭东西。

耶律大石进入河中地区的最大城市萨末鞬，称它为河中府。

封原西喀喇汗王朝马合木汗的弟弟伊卜拉欣为桃花石汗,继续统治这一地区。

卡特万会战后,耶律大石的军事力量已空前强大,开始进攻位于阿姆河下游和咸海东南的花剌子模。花剌子模阿里耶愿意效忠耶律大石,每年进贡牲畜和物品。西辽军队从花剌子模撤军。

在失去东部疆土以后,耶律大石奇迹般地又在西部建立起一个可以与原来的辽朝相媲美的新王朝。其疆域东起土拉河,西至咸海,北至巴尔喀什湖,南尽阿姆河、兴都库什山、昆仑山,领土面积远超南宋、西夏。

宽容的文化政策。对高昌回鹘、东喀喇汗国、西喀喇汗国、花剌子模等属国,耶律大石优待它们的国王,让他们因俗而治,自己去管理,拥有充分的主权,而西辽只是派出一名沙黑纳(监临官)监察,收取很少的岁贡。

在宗教信仰和语言文字上,耶律大石继续采取团结务实和宽容的政策,维护和平局面。契丹人是信仰萨满教的,但耶律大石允许当地的民众信仰伊斯兰教、佛教、景教、犹太教等宗教。他也允许当地居民使用当地的语言文字。这种兼容并蓄的文化包容政策,在西辽统治中亚的七八十年间,形成了文化繁荣。

耶律大石有着深厚的汉文化素养。他的一些文诰就是用汉文颁布的。所铸钱币,用汉文年号和汉族对钱币的称呼。他还将中国的户口赋税制度带到了中亚。起初,中亚地区多实行土地税,

萨满法服

一般是收获量的三分之一。耶律大石实行户口赋税制度，不管是城市居民还是农牧民，每年仅仅收取一个狄纳尔，显然比以前轻得多。

如今，在西辽故地——吉尔吉斯等地，

土耳其清真寺

能够找到的与西辽有关的文物和遗迹屈指可数。关于耶律大石、西辽乃至契丹的历史，似乎也都被这里的人们所遗忘。然而，有些东西始终无法改变，那就是血脉。

在吉尔吉斯斯坦首都比什凯克附近的山谷草原之中，依然生活着崇尚自然、保留着传统生活方式的契丹人。他们大多数认为自己的身体里仍然流淌着西辽人的血液。他们的信念也像耶律大石一样坚定。他们不仅没有忘记，而且努力寻找更多的关于契丹人的根脉。

契丹人尊崇太阳的力量，以期蒸蒸日上，如日中天。所以，也有人称他们为太阳契丹。他们似乎拥有超越时空的坚韧与力量。目前，在吉尔吉斯四十多个大的部落中，契丹部落是最大的部落之一，人口达到五十多万，占吉尔吉斯总人口将近十分之一。他们至今依然保留着"崇东拜日"的习俗，以这种方式

成吉思汗军队与西亚军队作战的情景

表达自己寻根溯源的愿望和对自己契丹身份的认同。

正如《世界征服者史》所载:"当哈剌契丹的诸汗控制了河中时,算端(苏丹)乌思蛮(奥斯曼)也受菊儿汗的统治,服从他的敕旨和禁令。菊儿汗那方面让他继续拥有河中的国土,没有把他从那里撵走,满足于征收一小笔年贡和把一名沙黑纳派驻在他那里。算端乌思蛮过着安适和快乐的生活,每当朝见菊儿汗时,总受到尊崇礼敬的接待。"

康国十年(1143年),耶律大石逝世,在位近二十年,享年五十七岁,庙号"德宗"。他的一生是如此矛盾、坎坷并富有传奇色彩。他后半生最大的理想就是恢复故国江山,然而,即使他拼尽了所有的才华和力量,即使他已经最强大了,但他始终无法实现夙愿。这是他内心永久的痛。直到临终,他依然只能带着浓浓的乡愁,远远地遥望东方。

我们可以仰望耶律大石当时的辉煌,然而西辽仅仅存在了八九十年,便土崩瓦解。高昌回鹘和葛逻禄部先后归顺了蒙古。花剌子模脱离了西辽的控制,并灭亡了西部喀喇汗王朝。东部喀喇汗王朝也曾起兵造反。西辽所统治的仅剩下直辖地。但没过多久，乃蛮部的王子屈出律窃取了政权，最终被成吉思汗的蒙古铁骑消灭了。只有雄伟的虎思斡耳朵遗址，使人们可以感受到耶律大石和西辽王朝的魅力。

完颜阿骨打

完颜阿骨打像

辽天庆二年（1112年）的春天，混同江（今松花江）畔，天祚帝率领他的文武群臣正在钓鱼。按照惯例，辽统治下的诸部酋长要在此时进贡。天祚帝用最初钓的鱼举办鱼宴来招待诸部酋长。宴会上，诸部酋长要为辽朝皇帝歌舞助兴。这次有一人却拒绝了天祚帝的要求。天祚帝耿耿于怀，对下属说：这个人气度不凡，要找个借口把他杀掉，否则后患无穷。但这个人逃过劫难，最终回到了他的部落。正是此人，顺应了历史发展的使命，建立了大金，成为中国北部的一支重要力量。他的继任者相继灭掉了辽和北宋，成就了一方霸业，形成了和南宋、西夏三足鼎立的局面。这人就是女真人的首领、金朝的开国皇帝——太祖完颜阿骨打。

女真族的起源。女真族似乎没有契丹族那样美妙的起源传说，然而女真的历史却源远流长。古老的肃慎人是他们的祖先。肃慎很早就与中原各族建立了密切的联系。传说舜在位的时候，肃慎人曾向他贡献过弓箭。大禹定九州时，肃慎人也和其他周边各族一起来进贡。周人认为肃慎是他们的北部疆土。后汉时肃慎称作"挹娄"。南北朝时称作"勿吉"。隋唐时称"靺鞨"。

武则天在位时，靺鞨首领大祚荣建立了渤海国，除黑水部之外的其他各部都归附于渤海。唐朝开元年间（713—741年），设置黑水府，任命他们的部落首领为都督和刺史，还设置官员监督他们的行为，赐都督李姓。随着渤海力量的强大，黑水归附渤海，断绝了与唐朝的关系。五代时，契丹灭掉渤海国，黑水靺鞨的一部臣属于契丹。此后，"女真"作为部族的名字出现在中国史籍之中。女真是肃慎的不同音译，有学者认为它的意思是"东方之鹰"，也就是"海东青"。

辽圣宗时，依据女真诸部和辽关系的亲疏，以及他们的社会发展程度，将他们分为熟女真和生女真。一部分内附的女真人被辽迁往东京辽阳以东，编入户籍，负担赋税和兵役，称作熟女真，或者

长白山

"曷苏馆（篱笆之内）女真"。生活在黑龙江和长白山一带的女真部落被称作"生女真"。后因避辽兴宗耶律宗真之讳，改称女直。生女真大约有十万余人，散居在山谷之中，小的部族有千户，大的部族有几千户，部族彼此之间独立，各部族自行推举有势力的人担任酋长。他们虽然没有被纳入辽籍，但依然臣服于辽，定期向辽朝纳贡，遇辽有军事征伐，也派兵支援。

女真武士像

由于白山黑水间森林茂密，土地适宜种麻和谷子，因此与其他以游牧和狩猎为生的少数民族不同，女真人处于半农半猎阶段。当地的特产有名马、生金、大珠、人参和松子等，禽类有海东青，牲畜有牛、羊、麋鹿、野狗等，海中有大鱼和螃蟹。冬天十分寒冷，人们都用厚厚的皮毛做衣服。他们常常辫发，脖子上以猪牙作为饰物，头上插着雉鸡的尾羽。严酷的生活环境造就了女真人健壮的体魄和好斗的性格。

生女真原来没有房屋,他们只是在依山傍水的坎地上用木头搭在上面,然后覆盖泥土,冬天的时候才在里面居住。夏天则随水草而居。后来部民逐渐迁徙到按出虎河(今阿什河)畔,开始建造房屋,定居下来,发展农业。

辽朝中期,生女真人形成了几个较大的部落联盟。其中以居住在今天黑龙江哈尔滨以东阿什河流域的完颜部最为强大。传说完颜部的始祖叫函普,从高丽迁入完颜部的时候已经六十岁了。当时完颜部有人杀了其他部族的人,两个部族械斗不止。函普调解了双方的矛盾,并约定此后双方不得私自械斗,凡有杀伤人的,用他家的一个人、二十匹马、十头母牛和六两黄金给受害人。从此,女真杀人偿马牛共三十只的习俗固定下来。函普也因此获得了一头青牛。他用这头青牛作为聘礼,娶了完颜部的女子,生下二男一女,在完颜部生活下来。

完颜部首领石鲁改变了生女真没有书契、没有约束的状况。完颜部开始强大起来。石鲁被辽委任为管理部落的惕隐。他的儿孙继续扩大完颜部落联盟。完颜阿骨打的祖父乌古乃时,已经统治了白山、统门、耶悔、耶懒、土骨论和五国等生女真部。辽为控制完颜部,委任他为生女真部节度使。乌古乃则借助部众的力量,保持自己的独立性。完颜阿骨打的父亲劾里钵先后降服了桓赧、散达、乌春、窝谋罕等部,将势力范围扩展到呼兰河流域和牡丹江上游地区。这时完颜部的力量已经发展得十分强大。然而女真部仍然臣属于辽朝。

女真与辽的鹰路之战。辽统治者对生女真的蔑视和不停骚扰激化了辽与生女真的矛盾。双方矛盾的激化还得从海东青说起。北宋徽宗时,宋统治者争相崇尚珍珠。这些珍珠都是通过榷场从辽购买而来。辽的珍珠主要产于生女真的五国部。每年秋天,月明风清之时,是珍珠收获的季节。这种珍珠藏于蚌的体内,蚌则生活在海中。北方的十月天寒地冻,无法人工取珠。当地有一种以蚌为食的天鹅,吃了蚌可以将珠留在它的嗉子内。还有一种猛禽"海东青",专能捕捉天鹅,"飞放时,旋风羊角而上,直入云际"。这样,人们只要有海东青就可以捕捉天鹅,然后从天鹅的嗉子内取得珍珠。

辽每年派使臣向盛产海东青的五国部女真索取海东青,以用来捕杀天鹅,获取所食珍珠,换取更多宋的消费品。契丹一些沿边将帅每次率兵来生女真各部征收海东青,都会要求生女真人进奉各种方物。特别是"银牌天使"的到来更是女真人的灾难,他们每次到来,都要求找生女真的年轻女子"荐枕"。起初他们在中下户人家留宿,寻找未嫁女子侍寝,后来使者频繁往来,专挑已婚女子侍寝。女真部落首领不堪忍受,时常阻断鹰路,甚至杀掉辽朝的捕鹰使者。

契丹统治者试图借助生女真各部中最为强大的完颜部讨伐叛逆,以保证鹰路的畅通。当时完颜部首领是被宋人称为"扬割太师"

的盈哥。他审时度势，认为这是借助辽的名义，发展自己势力，进而统一女真各部的大好机会。两者一拍即合。辽道宗寿昌二年（1096年），受命担任生女真节度使的盈哥率兵疏通鹰路，救出了辽使。

鹰路之战中，辽朝依靠盈哥疏通取鹰之路，仅仅得到一些海东青，而受益最大的却是盈哥自己。鹰路之战加深了辽对他的依赖，扩大了他号令女真诸部的权威，加强了对生女真各部的控制。

双方的合作并没有持续多久。阿疏事件成为完颜部和辽朝关系的转折点。

阿疏原来是纥石烈部的首领，后来他父亲率部归附了劾里钵。辽寿昌二年，阿疏阻止盈哥进兵讨伐杀害唐括部首领的温都部人。盈哥亲征，阿疏向辽求援。辽显然明白盈哥借机统一女真各部的意图，于是派使臣前往，盈哥不得不退兵，但还是派兵攻占了阿疏城。四年后，辽派遣使者要求盈哥归还并赔偿攻城所得。完颜部认为，如果偿还了阿疏，以后无法号令女真诸部，于是命令女真部落故意阻断鹰路，同时又让人向辽报告说，若开鹰路非盈哥不可。最终阿疏事件不了了之。但这件事却成为以后女真叛辽的口实。

完颜阿骨打的出现则使双方此消彼长的政治局势骤然明朗。

完颜阿骨打与出河店大捷。完颜阿骨打是劾里钵的次子，盈哥的侄子。他出生于北宋熙宁元年、辽咸雍四年（1068年）七月一日。他幼时深得父亲的宠爱，好骑射，从小表现出良好的军事才能。有一次，他到纥石烈部的活离罕家中赴宴，宴后在门外散步，向南望见一块高地，众人正比试射箭，看谁能射到高地处。其他人都不能射到，而阿骨打一箭就超过了那块高地有三百二十步之多。此后，他跟从父亲劾里钵和叔叔盈哥外出征讨，平定乌春、窝谋罕之乱，征伐萧海里，屡建战功，表现出卓越的军事才能。

阿骨打还是善于谋略的政治家。辽寿昌二年，阿骨打建议他的叔父盈哥禁止统门、浑蠢、耶悔、星显四路以及岭东诸部的首领称"都部长"，使这些部落承认完颜部的领导地位，形成了以完颜部为首的生女真部落联盟。原来生女真各部都有自己的信牌，阿骨打建议盈哥对擅自置信牌的部落进行处置。由此完颜部统一了各部的号令。

辽后期，每年春天辽主都要到宁江州（今吉林扶余东南）凿冰钓鱼，放海东青搏击天鹅。女真诸部要贡献土产。辽主用钓到的第一条鱼举行宴会犒劳诸部，诸部酋长要歌舞，给辽主助兴。这就是头鱼宴。天庆二年，天祚帝在混同江凿冰钓鱼，阿骨打代表完颜部前去参加宴会。在宴会上，当天祚帝要求阿骨打歌舞助兴时，阿骨打却端立正视，当面拒绝。天祚帝不悦，要萧奉先杀掉阿骨打。在萧奉先的劝说下，阿骨打才得以保全性命。

阿骨打死里逃生后，认为天祚帝怀疑他有反意，于是率先兼并邻近部族。女真人赵三等进行反抗。阿骨打掳掠了他们的家属，赵三等向咸州详稳司告状。详稳司多次召见阿骨打，阿骨打都称病不到。天庆三年（1113年）三月的一天，阿骨打突然率领五百骑兵闯入咸州城，和赵三等人当面对质。当详稳司表示要上报时，阿骨打逃走，并派人上报辽主，说详稳司要杀他，所以不敢久留。从此，每次辽征召他入朝，他都称病推辞。辽和女真完颜部的关系更为恶化。

不久，阿骨打袭任联盟首领——都勃极烈。

勃极烈是女真社会中的部落酋长"勃堇"（长官）的异译。以完颜氏为核心的女真部落联盟建立后，联盟首领称都勃极烈。可见阿骨打已经成为女真部族的最高领袖。

随着实力的增强，阿骨打所率女真和辽的矛盾日趋公开化。阿骨打在细致地侦察后，决定先发制人。天庆四年（1114年）九月，他集合女真各部军士两千五百多人，以索还阿疏为借口，进兵辽春捺钵的地点——宁江州。辽获知消息后，身在庆州的天祚帝却漫不经心，仅仅派出海州刺史高仙寿前去增援。最终阿骨打攻占了宁江州，不久又派人招降渤海、熟女真等。这在很大程度上削弱了辽朝的力量。

不久,阿骨打规范了军队编制,并且很快收到了成效。宁江州战役后,辽朝派遣萧嗣先为东北路都统,驻扎在距宁江州不远的出河店,与完颜部军队仅有混同江之隔。同年十一月,女真人利用辽朝军队的麻痹大意,向驻扎在出河店的辽军发动攻击,结果大败辽军,虏获车马、甲兵等甚多,取得了出河店大捷。

这两场战役极大地鼓舞了女真军队的士气,辽军则士气低沉,节节败退。

完颜阿骨打建立金国。天庆六年(1116年),阿骨打将东京和南路的熟女真纳入完颜部贵族统治,最终完成了女真各部的统一。

不久,阿骨打在会宁府(上京)称帝,建立了女真政权。《金史·太祖本纪》记载:"收国元年(1115年)正月壬申朔,群臣奉上尊号。是日,即皇帝位。上曰:'辽以镔铁为号,取其坚也。镔铁虽坚,终亦变坏,惟金不变不坏。金之色白,完颜部色尚白。'于是国号大金,改元收国。"

关于金何时建国,学术界有着不同的声音。很多学者依据这一资料认定金于1115年建国。然而北京大学的刘浦江先生提出了不同的看法。

北京大学历史学系教授 刘浦江

金朝的女真统治者也如同辽朝的契丹统治者一样,后世补修并不断修改立国初期的实录、国史,故意将其祖先称帝建元的事件提前。金政权初期称女真国,建立的时间当在1117或1118年,1121年改称"大金"。

关于金代的国号,也有不同的说法。《金史·太祖本纪》称阿骨打是比照辽来取国号的,他认为辽朝以镔铁作为国号,取其坚固的意思。但镔铁虽然坚固,终会变形或坏掉,而金是不会变形或坏掉的。另外金的颜色与完颜部崇尚的白色一致,所以取国号为大金。《金史·地理志上》则说,在女真语中"金"称作"按出虎",因为女真源于按出虎水源,所以当地也称金源,国号或许采取的是这个意思。

阿骨打建立金朝后,他所建立的政治制度仍然维持着女真族的原有特色,主要表现为在中央实行勃极烈制度,在地方上实行猛安谋克制度。

阿骨打即皇帝位后,设若干勃极烈辅佐皇帝处理政事。此时的勃极烈已经由部落的首领转变为中央官员的名称,而且地位上有了高下之分。勃极烈由宗室贵族担任,人数不定。吴乞买被任命为谙班勃极烈,也就是大勃极烈。大勃极烈辅佐皇帝处理军国大事、对外用兵、工程营建、对外交往和天文历算等事。大勃极烈之下还有国论（国家）勃极烈、阿买（第一）勃极烈、昃（第二）勃极烈、移赉（第三）勃极烈等名目。而随着辽宋投降官员的增多，勃极烈制度最终在金熙宗时被废除。

阿骨打还强化了猛安谋克这一军事制度。猛安谋克是女真原有的社会组织，来源于因掳掠和围猎需要而设置的军事单位，也可能来源于早期的农村公社。谋克，黑水城出土文书中称作"毛克"。金朝建立后逐渐制度化，每三百户编为一谋克，十谋克为一猛安，战时统军，平时务农。

金灭辽。金天辅四年（北宋宣和二年、辽天庆十年，1120年）五月，阿骨打派兵攻占了辽上京。七月，金与北宋政权达成"海上之盟"。双方约定：女真军由平地松林直入古北口，宋军从雄州直抵白沟，对辽造成夹击之势，以灭亡辽朝；灭辽后，燕京所

金代"行军都统"铜印，内蒙古赤峰市敖汉旗白塔子乡白塔子城遗址出土。

属六州二十四县归宋，宋将每年给辽的岁币转交给金。

军事上的强大、政治控制的加强和富有远见的外交策略铸就了一位少数民族伟大人物，使完颜阿骨打所统治的女真具有了空前的力量。

天辅五年（1121年），阿骨打以幼弟完颜杲为统帅，大举伐辽。不久，金军占领了辽中京和西京。次年，阿骨打亲征，攻占了南京。辽天祚帝逃进夹山，众叛亲离，苟延残喘。不久，天祚帝终于为自己的傲慢付出了代价，错误的战略思想最终使他成为俘虏。契丹族建立的辽朝宣告灭亡。

阿骨打制定了灭亡辽、宋的策略，虽然他没有看到辽、宋的最终灭亡和子孙所建立的伟业，但他的继任者终究没有让他失望，他们坚决地执行了阿骨打事先谋划的策略。阿骨打并没有确立子嗣继承制度。他去世后，担任谙班勃极烈、辅佐他处理朝政的吴乞买即位，即金太宗。阿骨打亲征时，吴乞买曾监国，一切事情都由吴乞买根据本朝旧制权宜处置。

吴乞买上台后将金的目标转移到宋。

靖康之难与北宋灭亡。按照"海上之盟"的约定，金应将燕京归宋。可是金军独立攻取燕京后，却拒不履行双方的约定。经过双方交涉，宋除将原给辽的四十万岁币如数给金外，每年再增加燕京等地的代税钱一万缗，金朝最终同意将燕京交与北宋。但六年的交涉使金认识到北宋政权的无能，金太宗时常想寻找借口，南下攻宋，而北辽平州辽兴军节度使张觉叛降北宋恰恰给金南下攻宋提供了口实。

金占领燕京后，张觉以平州归降金，被封为临海军节度使，知平州。金太祖亲征辽帝时，升平州为南京，任命张觉为留守。1123年，金太祖派人将所俘获的辽官、富户北迁。这些人路过平州时，燕京富户求张觉解救他们。张觉于是杀掉了金朝的护送人员，并在自己管辖内维持辽制。这时北宋也借机拉拢张觉，以抵御金的进攻。张觉在一些降宋辽臣的怂恿下归顺北宋，北宋任命他为泰宁军节度使，世袭平州。金太宗继位以后，对张觉叛金十分恼火，出兵平叛，攻下平州。张觉逃入燕。在金的压力下，北宋杀掉了张觉，交与金人。张觉事件的发生使部分降宋的辽人看不到希望。天会三年（1125年），郭药师率领他的常胜军降金。

灭辽战争结束后，金军随即南下伐宋。这次南下以完颜杲兼领都元帅，在会宁府节制诸军，以粘罕为副元帅、斡离不为南京路都统，分别从云中和南京两路率军南下。北宋对金的这次军事活动没有准备，金军很快包围了北宋的首都汴京（今河南开封）。昔日繁华的汴京此时风声鹤唳。在李纲的布防和主持下，汴京没有被占领。粘罕一路则在太原受阻。最终双方举行和议，金提出以宋尊金国主为伯父，增加岁币，给予犒军费用，割让太原、中山、河间三地，归还燕云之人，以亲王宰相为人质等条件。最终双方达成和议。天会四年（1126年），金军北撤。

同年八月，金军再次分两路南下攻宋。一路上由于北宋的不抵抗，金军所向披靡，不久渡过黄河，直达汴京城下。金军一方面不断提出讲和条件，用以松懈宋军的战斗意志，另一方面全面出击。他们要求宋徽、钦二帝前往金营议和，并最终扣留了徽、钦二帝以及诸王、王妃等。除在外募兵的赵构外，宋宗室几乎全部被金军俘虏。繁华一时的北宋都城落入了金军之手。

然而女真毕竟是北方民族，还不懂得经营中原汉地的方式。落后的民族可以击败先进的民族，而以落后的方式管理先进的文明注定是行不通的。金还无法实现对燕云地区的直接统治。北宋靖康二年、金天会五年（1127年）三月，金拥立张邦昌为帝，国号为楚，定都金陵。北宋灭亡。宋王朝失去了中原的大片领土，只能偏安东南一隅。这样在中国历史上出现了金、南宋和西夏对峙的局面。

辽和北宋的覆灭自有深刻的社会历史原因，但这一局面的出现与女真的领袖完颜阿骨打密切相关。正如《金史·太祖本纪》所记载的那样："宋人终不能守燕、代，卒之辽主见获，宋主被执。虽功成于天会间，而规摹运为实自此始。金有天下百十有九年，太祖数年之间算无遗策，兵无留行，底定大业，传之子孙。"

金朝兴亡

金中都宫殿遗址

12世纪，完颜阿骨打建立的金朝相继灭掉了辽和北宋，由此，偌大的中国形成了金和南宋对峙的局面。

位于北京广安门附近的辽金城垣博物馆保留的金中都的建筑构件，使人遥想12世纪金朝京城的繁华。金代文人赵秉文的《夜卧炕暖》描绘出当时北京城商品交易的景象："京师岁苦寒，桂玉不易求。斗粟换束薪，掉臂不肯酬。日巢五升米，未有旦夕忧。近山富黑黳，百金不难谋。地炕规玲珑，火穴通深幽。"

完颜亮迁都。位于今黑龙江阿城的金上京会宁府遗址，是金朝初期的都城，金朝的第三代皇帝金熙宗时最终修建完成。金朝正是从这里走向繁盛。

金初并没有形成固定的继承制度，拥有"谙班勃极烈"称号者最终会成为皇帝的继任者。金太宗原来无意让完颜亶继任，但其幼小的年龄成为各方势力争取权力的筹码。在众多权臣的辅佐下，完颜亶最终登上皇位，即金熙宗。熙宗少年即位，大臣辅政，国君有名无实。熙宗成年后力图加强自己的权力，他首先除掉了自比周公的粘罕，接着依靠兀术废掉了粘罕所支持的刘豫伪齐政权，杀掉了自以为太宗继承人而目无熙宗的太宗长子完颜宗磐，为政治改革扫平了道路。

熙宗特别重视汉文化，"所游之处，尽文墨之士"。他不满足于金太宗模仿辽朝汉官制度所进行的改革，而是起用降金的宋代大臣，仿照唐宋旧制，确立了宰辅制度，在中央实行三省六部制。鉴于权臣当道的教训，这次改制废除了女真族原有的勃极烈制度。"平地突起金天龙，面如紫玉真英雄。化行江汉服羌戎，百年以来夸俊功。参用辽宋为帝制，文采风流几学士。"这是元代文人郝经笔下的金熙宗。熙宗参用唐宋旧制，创立的以汉法为中心的政治体制，决定了金朝百余年间的政治走向。

面对复杂多变的权力斗争，熙宗最终无法控制局面，他试图推行的汉官制度阻力重重。他也因此常年处于压抑之中，酗酒为快，滥杀无辜，积怨颇深。这一情形被觊觎皇位已久的完颜亮看在眼里。不久，完颜亮亲手杀掉堂兄熙宗自立。完颜亮就是海陵王。

海陵王认为，金朝疆土广袤而京师偏处一隅，不合时宜。贞元元年（1153年），他在大多数汉族官员的支持下，把都城从上京迁到燕京，改称中都，也就是今天的北京。这样金朝统治中心由东北内移到汉族地区。这也是北京历史上第一次成为王朝首都。

为实现迁都目标，他将始祖以下十个皇帝的坟墓迁到燕京附近的大房山埋葬，同时命令会宁府毁掉宫殿宅第，把原址夷为平地，让百姓耕种。这样破釜沉舟的做法使金宗室、贵族无法回到上京，只能跟从他迁来燕京，海陵王从而将女真地区和汉族地区都置于自己的掌控之下。

海陵王专注于熙宗未竟的事业，加强中央集权，实现政令的统一，改变金代初期制度混乱的局面。正隆元年（1156年），海陵王下令废掉三省制中的中书、门下二省，仅留下尚书一省，作为最高行政机关，以尚书省左右丞相为宰相，和枢密院一起执掌

北京市房山区金代陵园遗址

朝政。他还废除了金初期根据风俗不同而设定的南北选，专以词赋开科选拔官员，完善了官吏选任机制。地方行政上，他确定了金代五京、十四总管府、十九路地方行政区的政区格局。他还废掉了金初为安抚中原百姓设立的行台尚书省。行台的取消，使海陵王将河北、河南及中原这一生产最发达的地区掌握在自己手中，结束了金朝权力分散的局面，最终实现了金朝的中央集权。

隆兴和议。实现政令的统一只不过是海陵王的战略目标之一，而灭亡南宋、实现全国统一才是其主要目标。海陵王具有很高的汉文化水平，他认为已经接受汉文化的金朝与宋只有南北之分，没有夷夏之别。他反对故意抬高汉族，贬低少数民族。他崇拜试图灭亡东晋、统一南北的前秦苻坚。"万里车书一混同，江南岂有别疆封。提兵百万西湖上，立马吴山第一峰。"这首由蔡珪代他所作的"御制"诗，表达了他统一全国的决心。他甚至将都城迁往原来北宋的首都汴京。

海陵王伐宋的决心已定，众人很难阻挡。太医祁宰利用给元妃看病之机，谏言海陵王放弃伐宋，他认为"宋人无罪，师出无名"，而且伐宋是"人事之不修"，"天时不顺"，"地利不便"。海陵王竟然将祁宰"戮于市"，还没收了他的家产。不久，海陵王发兵全线出击南宋。战争的性质决定了战争的后果。海陵王为满足个人私欲而进行的战争造成了土地荒芜、人口锐减、经济萧条的局面。螳螂捕蝉，黄雀在后。就在海陵王进攻南宋的同时，后方的完颜雍乘机发动东京兵变,登上皇位,改元大定。这对试图在灭宋之后改元大定的海陵王是何等的讽刺。他信誓旦旦要统一南北,最终却落了个乱箭穿身的下场,死后被他的继任者贬为海陵庶人,没有了皇帝的荣耀。

金世宗完颜雍在内外交困中登上皇位。为稳定局势,他在即位的诏书中列举了海陵王滥杀无辜、拆毁会宁府、大兴土木、动众兴兵等十七条罪状,极力贬低完颜亮,表示自己顺应天意。

世宗在东京即位后,听从了李石、独吉义等人的建议,将都城迁往中都,以中都为统治中心,号令天下。他继承和完善了海陵王时期的中央集权制度,在任用新人的同时,继续留用海陵王时期的部分上层官员。

世宗看到海陵王伐宋带来的恶果,试图与宋议和。金宋双方在几经交手之后,最终达成了隆兴和议,因和议至乾道元年(1165年)正式生效,故又称乾道之盟。双方进一步确定西以大散关,东以淮河为界,金宋疆域从此稳定下来。此后的四十年间,双方再也没有发生过大的战事。

大定明昌之治。中央集权的加强使原来偏居东北一隅的女真人融入汉文化的熔炉中。政权的稳固,社会的安定,特别是宋金停止战争,也为北方社会经济的发展创造了稳定的政治条件。金朝在世宗、章宗时,"治内日久,宇内小康",出现了太平盛世的局面,史称"大定明昌之治"。

大定是金世宗的年号。被比作汉文帝、称为"小尧舜"的他，在位期间整顿吏治，选贤任能，赏罚分明，鼓励进谏，轻徭薄赋，招抚流亡，发展生产，与民休息，从而出现了"朝臣守职，上下相安，家给人足，仓廪有余"的全盛局面，"税不及什一，两税之外，一无横敛，不数年间，仓库充实，民物殷富，四夷宾服，以致大定三十年之太平"。

明昌是金章宗的年号。章宗完颜璟是世宗的孙子，从小就学习女真语言文字和汉文经籍。他继承了他祖父的政治策略，从整顿吏治入手，任贤用能，赏罚有序，裁汰冗员，还限制官员的频繁流动。《金史·循吏传》说："世宗承海陵凋敝之余，休养生息，迄于明昌、承安之间，民物滋殖，循吏迭出焉。"

章宗继续完善了中央集权制度。他在位的二十年间，"正礼乐，修刑法，定官制，典章文物粲然成一代治规"。章宗重视法制建设，他在位时创制了金朝第一部较为完备的法典《泰和律》，改变了金建国以来礼乐刑政因袭辽宋旧制、杂乱无章的局面，废除了滥用刑罚特别是死刑的做法。《泰和律》直至元朝初年仍然被蒙古统治者使用。

熙宗朝以来，蒙古就不断骚扰金朝的北部边境。到大定、明昌时，蒙古的势力迅速发展，成为金朝的一大威胁。大定年间，在北方广泛流传着这样的民谣："鞑靼来，鞑靼去，赶得官家没处去。"为了抵御来自北方蒙古的侵扰，金代陆续修筑了一条长长的界壕，后人称之为金长城。金长城有界壕和边堡两部分组

内蒙古锡林郭勒盟苏尼特左旗金代界壕遗址

成,界壕是指用来阻止骑兵的沟壑,金还在水草便利的地方设立边堡驻扎军队进行防御。据考古工作者勘测,金长城东北起自内蒙古呼伦贝尔莫力达瓦旗,沿大兴安岭东南麓西南行,穿过锡林郭勒草原,绵延二千余里。

金统治下北方经济的发展。战争的毁灭性不言而喻。辽金时期,北方战争频繁,常年战乱势必造成经济的衰退。很长时间以来,史学界普遍认为这一时期北方经济破坏严重,甚至有了严重的倒退,自此北方社会经济进入了黑暗的时代。我们究竟应该怎样看待金代北方的经济呢?

河北地区在金代是比较发达的地区。金朝初年，出使金国的宋使许亢宗在河北中部亲眼看到幽州之地沃野千里，五谷百果、良材美木无所不有。山东经济恢复也很快，以至于金人称山东富庶甲天下。因为长期战争而无从发展的河南经济，此时由于人口的大量南迁获得发展的机会。当南宋发生大规模饥荒时，有大批小麦从金境内运到宋金交界的榷场，用来换取十分短缺的铜钱。

金代北方耕地面积也有所增加，单位面积产量与北宋时北方水平接近。章宗泰和七年（1207年），金统治地区的户口数已经超过了原北宋的北方地区。

黑龙江阿城东南部与五常毗邻的半山区小岭及五道岭一带的缓坡上，到处分布着金代早期冶铁遗址。位于克东县境内的金代蒲峪路故城遗址发现有大量铁器，代表着金代中期冶炼业的精湛技艺。

位于河北磁县（古称磁州）观台镇的观台窑遗址，散布着很多瓷器的残片。这里出土的金代瓷器以白地黑花为特点，图案简洁，造型优美。位于河北邯郸的彭城镇是磁州窑系的另一个中心地带。众多以白地黑花为特征的精美瓷器显现着当时陶瓷制造工艺的发达。首都博物馆收藏的三彩萧何追韩信图枕，用写意的手法绘制出萧何月下追韩信的故事。上海博物馆收藏的一件白地黑花纹枕，山西博物馆收藏的一件黄釉黑花纹虎枕，都是大定时期的作品。众多定窑、钧窑和耀州窑的瓷器，展示着这一时期陶瓷业的繁荣。

金代耀州窑缠枝纹香炉

金代白釉褐彩花卉纹都鲁瓶

静静横跨在永定河之上的卢沟桥向人们述说着当年金中都的繁华。金世宗时，南宋使者楼钥发现河北境内市井繁盛，远远超过黄河以南。一些市镇的发展昭示着商业的繁荣。原来还是芦苇丛生的宝坻（今属天津），因为盐业的发展，在金朝被升为县，章宗时甚至一度升格为盈州。

宋金政府还在淮河沿岸和西部边地设立了用于双边贸易的榷场。金用丝织品、小麦换取大量的茶叶和铜钱。由于金境内铜资源缺乏，上自两汉下至辽宋的旧钱都可以在金境内流通，尤其以北宋的铜钱最多。后来金朝甚至在全国范围内发行纸币，但不久随着金朝的信用危机而消亡。

总体说来，金代经济虽然经历了短暂的战争破坏，但不久就迅速恢复，黑暗中已经迎来了曙光。金世宗、章宗在位的五十年间，北方经济更是持续发展。

金交钞铜版

"金以儒亡"之说。金朝繁盛的表象之后却隐藏着盛极而衰的苗头。刘祁《归潜志》载:"章宗聪慧有父风,属文为学,崇尚儒雅,故一时名士辈出,大臣执政多有文采、学问可取,能吏直臣皆得显用,政令修举,文治烂然,金朝之盛极矣。"然而,"文学止于词章,不知讲明经术为保国保民之道,以图基祚久长。又颇好浮侈,崇建宫阙,外戚小人多预政,且无志圣贤高躅,阴尚夷风。大臣惟知奉承,不敢逆其所好。故上下皆无维持长世之策,安乐一时,此所以启大安、贞祐之弱也。"

章宗承安年间(1196—1200年),金朝开始走向衰落。黄河大堤三次决口,百姓受灾严重,流离失所;吏治腐败,贪污成风;滥发纸币造成货币贬值;社会矛盾加剧,民族矛盾激化。内忧外患加剧了金朝的衰亡。

兴起的蒙古注定是金朝遇到的一个难缠的对手。早在金熙宗、世宗时,蒙古就频繁骚扰北部边境。金章宗泰和六年(1206年),成吉思汗建立大蒙古国。随着成吉思汗领导的蒙古部力量的逐渐强大，章宗的继任者只能在苟延残喘中度日。

金宣宗时已经丧失了黄河以北的大片领土，中都城已经成为一座孤城。苟且偷安的金宣宗选择放弃中都和河北广大地区，南迁汴京（今河南开封）。此时北方各地出现了许多结寨自保的势力，金朝妄图借用他们的力量抗击蒙古大军，恢复故土，便分封了九人为公，史称"九公封建"。但很快，金宣宗恢复故土的理想便如肥皂泡一般破灭了。

蒙古首领窝阔台即位大汗后，发动了对金朝的最后进攻。在河南禹州境内的三峰山，金军的主力被拖雷率领的蒙古军打败，金朝大势已去。不久蒙古军占领汴京，金天兴三年（1234年），蒙古联合南宋攻破金朝最后的阵地蔡州。曾经繁盛一时的金朝宣告灭亡。女真族再一次建立政权已经是四百多年后的清王朝了。

金朝历九代，凡一百二十年，和辽、西夏相比是最为繁荣的一个王朝，却又是寿命最短的王朝。这个繁盛的王朝为什么会在如此短暂的时间内消亡呢？

"金以兵得国，亦以兵失

金代"崞县游祥"银铤

国。"完颜阿骨打以几万人灭掉了辽和北宋，固然与辽宋统治者的腐朽无能有关，但女真人艰苦卓绝、英勇善战的性格也至关重要。但金建国后将女真的猛安谋克迁移到汉人居住的地区从事屯田，生活方式的改变和长时间的安逸生活养成了他们懒散、奢靡、安于享乐的生活作风，汉文化的影响也彻底消弭了他们英勇善战的性格，在声势浩大的蒙古铁骑的冲击下很快就一败涂地。

四百年后，清太宗皇太极在阐述他对金朝灭亡的看法时说道："朕思金太祖、太宗法度详明，可垂久远。至熙宗合喇及完颜亮之世尽废之，耽于酒色，盘乐无度，效汉人之陋习。世宗即位，奋图法祖，勤求治理，惟恐子孙仍效汉俗，豫为禁约，屡以无忘祖宗为训，衣服语言，悉遵旧制，时时练习骑射，以备武功。虽垂训如此，后世之君，渐至懈废，忘其骑射。至于哀宗，社稷倾危，国遂灭亡。"显然，皇太极将金朝灭亡的原因归结于金朝统治者的汉化政策，忘记骑射训练，与史家所称"金以儒亡"基本吻合。

的确，在金朝的统治过程中一直经历着保持女真传统还是汉化的斗争。熙宗和海陵王对汉文化的接受，决定了金朝的汉化方向。而这一潮流在当时的历史境遇中似乎是无法摆脱的一个现实。金世宗、章宗为限制女真人的过快汉化发起了一场女真文化复兴运动，但是个人的努力毕竟无法扭转历史发展的进程，最终女真族走向了全盘汉化。

辽金文化

契丹大字北大王墓志拓片

西拉木伦河和老哈河是契丹族的故乡,白山黑水曾是女真族生活的地方。10世纪到13世纪的北部中国,契丹族建立了疆域庞大的辽朝,女真族建立了盛极一时的金朝。契丹族、女真族的文化本来十分单纯,然而,当它们与中原文化广泛融合,建立了可与北宋、南宋争锋的强大王朝时,很快就获得了巨大的发展。它们与其他北方民族一起,创造出灿烂夺目的辽金文化。

契丹文字。民国初年,内蒙古巴林右旗的一位私塾校董,为了给教师发薪水,带着学生挖开了辽永兴陵,也就是辽兴宗的陵

耶律习涅墓志拓片

墓。挖掘的过程中,在里面发现了巨大的墓碑。碑上有一种神秘的文字,它既与汉字相似,又不同于汉字,无人能识,这就是契丹文字。它曾是辽王朝的官方文字,之后却消失达八百余年,直到此时才重新面世。当时林西县天主教堂的比利时人路易斯·凯尔温在陵墓里面发现了契丹小字的《兴宗皇帝哀册》《仁懿皇后哀册》以及汉字的《仁懿皇后哀册》。伯希和转载了凯尔温的文章，在国际汉学界迅速引起了一股研究契丹文字的热潮。

文字述说着民族文化的传承。辽宁省博物馆里静静地安放着十五方巨大的墓碑，煞是壮观。1930年军阀汤玉麟之子汤佐荣在内蒙古瓦林茫哈地方掘开辽圣宗的陵墓永庆陵和辽道宗的陵墓永福陵，得到了这些墓碑。这些石碑经过辗转，最终得以保留在辽宁省博物馆，供人们瞻仰和研究。这些分别用契丹字和汉字书写的哀册碑文，也将帮助我们解开契丹文字的秘密，从而走进那个深埋地下近千年的契丹王朝的历史。

契丹语属于阿尔泰语系中的一种。契丹族本来没有文字，他们"刻木为信"。契丹文字分两种，一种是契丹大字，一种是契丹小字。辽太祖耶律阿保机于神册五年（920年）创立了契丹大字，之后他的弟弟迭剌又创立了契丹小字。

契丹大字与汉字关系密切，契丹小字是参照契丹大字和汉字的字形结构创制而成的一种拼音文字。现今出土的契丹文字资料以契丹小字为多。

中国社会科学院历史研究所助理研究员 林鹄

金朝是女真字、契丹字、汉字并行，语言也是女真语、契丹语、汉语并行，所以民族融合的程度要比辽朝更复杂，汉化的程度也比辽朝要深。

与辽朝一样,金朝本来也没有文字,在对外交往中曾采用过契丹字。为了改变这种情况,金太祖完颜阿骨打命令大臣完颜希尹仿照汉字的楷书,并参考契丹字和女真的语言,创制了女真大字。之后金熙宗又创立了一种女真小字,与完颜希尹创立的女真大字共同使用。女真字一直沿用到明朝,明朝编纂的《华夷译语》中就有《女真译语》。女真文字创制以后,契丹文字仍然使用,直到金章宗明昌二年(1191年)才明令废止。

女真文化民间学者 郭长海

《华夷译语》是洪武十五年(1382年)朝廷为通事编写的,就像现在的英汉词典一样,一边是女真字,一边是汉译,一边是发音。

儒学被确定为正统文化。辽朝是契丹族建立的王朝,辽太祖耶律阿保机采纳汉人的建议,建立"汉城",仿照中原体制,建立起强大的王朝。无论是辽太祖本人,还是新王朝,都深受汉文化的影响。辽朝建立之初,辽太祖召开了一次影响深远的会议。这一会议决定了辽朝最主要的思想文化路线。辽太祖向群臣公布自己的想法,要以祭祀圣人的方式来更好地统治包括汉人在内的中国人。他问:"我想祭祀一位有大功德者,应该是谁?"此时,佛教已广为传播,群臣均认为应该祭祀佛祖。辽太祖却并不认可,他认为"佛非中国教",无法接受。太子耶律倍提议:"孔子大圣，万世所尊，宜先。"这一建议正合辽太祖心意，他当即决定建立孔庙，"诏皇太子春秋释奠"。这意味着，儒家文化被确定为辽朝的正统文化。

以儒家文化为核心的汉文化在辽朝广为传播。大批的汉族儒士受到重用，契丹族中也涌现出许多博通经史的儒学人才。辽太祖长子耶律倍便深受儒家文化的影响。"大山压小山，大山全无力"，这句辽朝最早的汉文诗即为耶律倍所写。除作诗之外，耶律倍还擅长绘制中国传统画。他的十五幅绘画曾被宋朝收藏，其中，《猎骑图》直到元朝仍备受珍视。辽朝绘画受唐朝绘画的影响很大，如果我们走进辽朝的庆陵，便会发现，里面大幅的壁画颇受唐朝壁画的影响。

汉人的修史传统也逐渐受到辽朝的重视。早在辽太祖时，就设有"监修国史"。辽圣宗时，仿照宋朝设立国史馆，开始撰修辽朝的历史。直到辽朝末代皇帝天祚帝时，修成《皇朝实录》七十卷，成为元人撰修《辽史》的主要依据。

在辽朝，契丹族自己的文化并没有被忽视。如果说儒家文化是其治国的大纲，契丹文化则起着保持民族凝聚力、自豪感的作用。契丹的语言文字、民俗习惯均受到很好的保护，契丹文化也在发展当中。契丹族在吸收儒家文化时，总是有意识地将契丹文化渗透其中，使之成为民族文化的有机组成部分。

游牧文明和农耕文明，不管思维习惯，还是生产方式，包括军事进攻模式等，都是不一样的。但契丹人可以将这两者很好地结合起来，这在中国历史上是一个很重要的创举。

金代铜坐龙，这是目前发现的金代最早的龙的形象。

与辽朝相比，金朝统治者更重视儒学。金朝先后灭掉辽朝、北宋，它虽然仍尽力保持着女真传统文化，但事实上，儒学渐渐在金朝文化中占据了最主要的位置。

金朝始建于1115年，八年之后就实行科举，分词赋、经义两科，以招纳辽朝故地的汉人文士。金海陵王时，取消经义科，只考词赋。金世宗以后，科举成为入仕的主要途径，学校日盛，士人由科举而位列宰相者前后相望，儒学也因此最大程度得以发扬，到金章宗时达于极盛。

作为金朝的皇帝，金章宗自幼接受女真文化，熟练地掌握了女真文字。然而，金章宗使用更多的却是汉字。他痴迷于汉文化，具有很深的儒学修养。

金章宗还擅长诗文、书画，所写瘦金体书法形神兼备。在他的倡导下，金朝涌现出许多著名的书法家。王庭筠和赵秉文都是当时著名的书法家代表。党怀英的篆书和籀书号称天下第一，独步金代，颂扬金太祖武功的大金得胜陀颂碑即由他篆额。泰和四年（1204年），他书写的"泰和重宝"被铸在钱币之上。

金朝在章宗时期有过一个文化的盛况，章宗本身就是一个汉化很深的人。他十岁的时候就开始读儒家的经典，即位当皇帝之后就大力推行汉文化，像科举取士，他就加大儒家经书的比重。金章宗对中国的文学传统非常推崇，他在位时期就形成了整个社会尚文的风气，整个金朝的文坛也形成了自己的文学流派，后来被称为"国朝文派"。

佛教文化的繁荣。契丹族和女真族都信奉万物有灵，崇奉以祖先崇拜为主的原始多神教——萨满教。契丹族有着拜日的传统，相信巫术，崇拜自然神灵。女真族和契丹族一样对太阳十分崇拜。

随着和中原王朝的接触，佛教传入契丹人中。辽朝的统治者大肆崇尚佛教。辽圣宗时期，承天太后萧燕燕每年正月斋戒，举行法会，希望获得赐福。辽道宗本人有着很高的佛学修养，能够自己讲经。每年夏季,他都要和在京的僧众和群臣举行法会,并亲自讲经,"一岁而饭僧三十六万,一日而祝发三千。"

僧人在辽代有着崇高的社会地位。宋人苏颂出使辽国时记载下了这样的景象:"塔庙奚山麓,乘轺偶共登。青松如拱揖,栋宇欲骞腾。夷礼多依佛,居人亦贵僧。纵观无限意,纪述恨无能。"

辽五京地区,现今留存的佛塔向人们诉说着辽代佛教的繁荣。不同样式的佛塔展现出辽代高超的建筑技术,其中多为实心建筑,表达着人们对佛的偏爱和虔诚。

中国社会科学院历史研究所助理研究员 林鹄

辽朝佛教非常兴盛,超过它之前的隋朝、唐朝,比它之后的金朝、元朝,以及同时期的五代、北宋也要兴盛。实际上,最初契丹人没有佛教信仰,反而是被契丹征服的汉人、渤海人,把佛教带到辽朝。所以最开始辽朝统治者支持佛教,主要是出于一种利用宗教信仰来安抚被征服者的心理。但是时间长了,辽朝统治者自己也真的信仰佛教了。有了统治者的支持,佛教在辽朝特别兴盛。

在所有的寺庙中,房山云居寺以数量众多的唐辽石经闻名于世,被誉为"佛教圣地,石经长城"。房山石经是由隋朝高僧静琬大师开创。唐代建云居寺,继续刊刻石经。然而,由于晚唐以来的战乱，不仅石经无法刊刻，就连云居寺也被毁弃。辽圣宗时重修云居寺，发现石室、石经，大为震惊，决定继续刊刻石经，浩大的刻经工程再次启动，此后又经辽兴宗、辽道宗两朝，相继刻完《大般若经》《大宝积经》等六百块经石，与原存《涅槃经》《华严经》，共二千七百三十块经石，合称"四大部经"。如果称一切经为大藏，则此四大部经可称之为小藏，蔚为大观，在中国佛教中具有崇高的地位。

雕版印刷的发展为大藏经的刊刻提供了可能。山西大同是辽西京所在，其境内的华严寺即是辽金著名的古刹。建筑坐西向东，反映着契丹族"东向拜日"的习俗。现存的大雄宝殿和薄伽教藏殿是辽代的建筑。据碑刻记载，这里曾经收藏了辽的大藏经——《契丹藏》。《契丹藏》是辽兴宗时根据宋《开宝藏》的蜀版刊刻而成，并尽量补充了宋版缺少的内容。辽兴宗时，完成五百九十七帙，辽道宗时继续收罗刊印，蔚为大观。

位于山西朔州应县城西北佛宫寺内的释迦塔，俗称应县木塔，建于辽清宁二年（1056年），金明昌六年（1195年）增修完毕，是中国现存最高最古的一座木构塔式建筑。应县木塔总高约六十七米，其塔高五层，加上上面四层的平座暗层，实际上是一座九层重叠式的木框架结构。这么庞大的身躯，却全部用传统的柱梁、斗拱建成。每一层的檐和平座都由斗拱承托，结构非常复杂，而辽代的建筑师却用了五十多种不同的斗拱圆满地解决了所有的问题，称得上"鬼斧神工"，为国之瑰宝。

山西应县木塔

木塔内发现的辽代《炽盛光佛降九曜星官房宿相》，是目前世界上所能见到的中国古代木刻版印着色立幅中时代最早、幅面最大、刻印最精的作品，代表了辽代版画的高超水平。

佛教文化在金朝得以延续。金朝初年，皇帝和皇后见了佛像都要拜祭。公卿到了寺院后，僧人坐上座。燕京城佛寺林立，大的有三十六座，属于律宗一派。后来中原的禅宗僧人来到燕京，建立了太平、招提、竹林、瑞像四座寺院。

残存在今北京西的香山寺遗址依然肃穆。金世宗时将原有的吉安、香山二寺合而为一，章宗时赐名"大永安寺"。另外，因寺后有龙潭、山上有柘树而闻名的潭柘寺，在金代时被赐名为"大万寿寺"。

金代雕版印刷技术也比较发达。建于东汉建和元年（147年）的广胜寺因为金代刊刻大藏经的出现而名声大噪，轰动一时。金大藏经根据宋代《开宝藏》和官版的佛经刊刻而成。因发现时广胜寺属于山西赵城管辖,所以这七千卷大藏经被称为金《赵城藏》。卷首刊刻着释迦说法的图像,佛像庄重而豪放,画面疏朗,显现出佛界的博大。

不过,整体而言,金朝时期的佛教远远不及辽朝繁荣,也许,金朝统治者汲取了"辽以释废"的历史教训。

佛教对辽金两朝的经济造成了深远的影响。辽金时期,幽州、蓟州

金印本《义勇武安王》

地区的寺院经济比较发达。笃信佛教的善男信女结成社邑向寺院施舍。信徒的施舍和皇帝的赏赐促进了寺院经济的膨胀。一些僧尼利用有利的身份广占田产,利用具有当铺性质的质坊放高利贷,聚敛财富,有些寺院还有奴婢。寺院经济的膨胀影响到了国家的财政收入和经济的发展。金大定、明昌间大规模放免寺院奴

婢，遏制了寺院经济的发展。

丘处机和成吉思汗雪山论道。 在金朝，道教开始逐渐繁盛起来，虽然太一教和真大道教都很盛行，但最为兴盛的却是全真教。

全真教的创始人王重阳（王喆），主张道儒佛三教合一，将道家的《道德经》、佛家的《般若心经》和儒家的《孝经》均奉为经典。这样的融合，顺应了时代的发展，是全真教兴盛的重要原因。

王重阳早年家业丰厚，乐善好施，又文武兼备，但英雄无用武之地，对仕途绝望的他改奉道教，自称"王害风"。

全真教中，除王重阳之外，还有著名的全真七子。

大定七年（1167年）的一天，王重阳一把火烧毁了自己的住所，从此浪迹天涯，最终来到了山东的宁海，与当地富豪马从义论道，并在这里修建了全真庵。马从义改名为马钰，号丹阳子。之后，王重阳又度谭处端、刘处玄、丘处机、王处一、郝大通、孙不二等入道。这七位就是众所周知的"全真七子"。

全真七子中，丘处机的贡献可谓最大。大定二十八年（1188年），丘处机首先取得金世宗的青睐，金世宗一月内两次召见丘处机，询问长生与治国保民之术。丘处机对金世宗"剖析天人之理，演明道德之宗，甚惬上意"。这是丘处机首次向最高统治者宣传自己的主张，并取得了成功。金世宗不仅亲赐大桃以示褒奖，又让丘处机主持万春节醮事，还下令在宫庵中塑全真教创始人王喆之像，全真教的影响顿时如日中天。

泰和三年（1203年），刘处玄逝世，丘处机成为全真教第五任掌教，掌教时间长达二十四年。他直接继承了王重阳三教合一的思想，认为先圣所示之大道，各有旨趣而一理相贯，不相违逆。

从泰和三年至兴定三年（1219年），丘处机在山东蓬莱、芝阳、掖县、北海和胶西等地传教，凭借他在政治和社会上的积极影响，使全真教的发展进入兴盛时期。

丘处机像

丘处机的声望越来越高，对全真教的发展无疑起着巨大的促进作用。然而，随着年事已高，丘处机不再四处奔波，只在家乡栖霞传道授徒。

此时蒙古已经崛起，蒙古铁骑征讨中亚，并逐鹿中原，与金朝展开激战。

到兴定三年时，一件异常的事情发生了。成吉思汗向丘处机发出邀请，表面上是向丘处机请教养生之道，实际上则是询问治国安邦的大计。丘处机全然不顾七十二岁高龄，欣然接受邀请，再次出山，拜会成吉思汗，从黄海之滨的山东栖霞前往路途艰难、

辽金文化

万里之外的中亚。究竟是什么原因令丘处机做出这样的行动？

丘处机已意识到：中国未来的命运已历史性地落到成吉思汗身上，为了拯救苍生，为了全真教日后的发展，为了实现自己的宏愿，他必须见到成吉思汗，而且必须得到成吉思汗政权的支持。

这在宗教史上是一个划时代的重大事件。当仙风道骨的丘处机，西行至雪山（今阿富汗境内兴都库什山）行营，面见成吉思汗时，成吉思汗极为感动，待丘处机为上宾。二人雪山论道。

丘处机循循善诱，成吉思汗频频点头："神仙是言，正合朕心。"丘处机不仅向成吉思汗传播了长生之道，介绍了全真教的教义，更将"去暴止杀""济世安民""仁爱孝道"等主张缓缓输入成吉思汗的头脑，使蒙古铁骑减少了很多杀戮。

这是苍生之福，也使得全真教在金朝之后继续发展。

当时政治局势非常复杂，蒙古、金还有南宋都在逐鹿中原。全真教在北方的势力特别大，三方都派使者去邀请丘处机。在这样的情况下，丘处机也是经过了反复权衡，最后选择了成吉思汗。

丘处机去见成吉思汗也不能说完全是一种政治交易，他也确实尝试着用道教教义去劝说成吉思汗为民众做一些事情。比如说，他劝成吉思汗不要杀生，要免除北方地区的赋税等等。从这个角度讲，他也确有自己的一些理念、理想。

别具特色的戏曲和医学。金代的戏剧不仅继承了辽和北宋的艺术特点,而且表演内容更加丰富。金代有杂剧,还有院本和诸宫调。诸宫调是一种首创于北宋时期的说唱艺术,有说有唱,以唱为主,歌唱部分有很多不同的宫调组成。虽然诸宫调的演出已经消亡,《董解元西厢记诸宫调》也无法在现实的舞台上得到再现,然而,王实甫所写的《西厢记》仍在传播,它继承了董解元作品中的许多优秀成果。

著名的大戏剧家关汉卿、王实甫都出生在金朝末年。金代戏剧的发展开启了一个辉煌的时代。

金朝的医学迅速发展。金元四大医家之中有刘完素、张子和、李杲三人生活在金朝。金朝医学形成了以刘完素、张子和为

《西厢记》

辽金文化 | 83

刘完素像

代表的河间派和以张元素、李杲为代表的易水学派。医学派别的争鸣推动了中国医学的发展。

辽金文化,一脉相承,又各有特色,它不像以往人们想象的那样荒芜和不值一提。它在很多人的努力之下,变得璀璨无比。它不仅是一种文化的创造与积淀,更是源自中华民族内在性格与精神气质的传承。

在那个时代,儒、释、道均得到不同程度的发展,书法、绘画、宗教、戏剧、建筑,各自展现出瑰丽的色彩,一起融入广阔博大的中国文明当中,成为历史的传奇。

西夏兴亡

宁夏境内的西夏王陵

11世纪,祁连山麓出现了一个由党项羌族建立的少数民族王国——大夏国。因为它位于西部,研究者习惯上称之为"西夏"。大夏国的建立为我国多民族融合和西部开发做出了巨大的贡献。同时,它使西部各政权、各民族逐渐统一起来,为元朝时中国的大统一创造了条件。

然而元朝建立后,在编修前代史书时,只编修了《宋史》《辽史》和《金史》,未修夏史。西夏的历史只能在《宋史·党项传》《辽史·西夏纪》和《金史·西夏传》中寻觅。一段时间以来,西夏史的研究更多地依靠出土文献,而出土文献相对散乱,且数量较少,加上国内能辨识西夏文字的专家学者较少,所以西夏史的研究很难取得重大进展。近年来，随着黑水城文献的出版，西夏学成为史学领域非常热门的学问，取得了很好的成果。

党项族的起源。位于今内蒙古额济纳旗达兰库布镇东南二十五公里的荒漠中的黑水古城，是西夏黑水镇燕监军司的治所。在这里发现了一首记载党项祖先的颂诗："黔首石城漠水边，赤面祖坟白河上，高弥药国在彼方。"据相关专家研究："弥药"是党项人的自称，"白河"就是今天嘉陵江上游的白龙江，古称白水。党项族原来居住在今青海、甘南和四川西北一带。"黔首"和"赤面"是指他们脸色黝黑，用红颜料涂面。他们以不同的姓

内蒙古阿拉善盟曼德拉山西夏时代岩画《牧放图》

氏形成部落；以牦牛、羊、猪等为食物，并不从事农业，没有任何徭役和赋税；崇尚武力，没有法令，作战时相聚在一起，平时不相往来。部落内三年举行一次聚会，以牛羊作牺牲来祭天。党项人往往长寿，有人能活到一百五六十岁；他们有着强烈的复仇情绪；内部实行收继婚，但是同姓不婚；部落内八十以上者去世时，亲戚不得哭泣，年少而亡者亲戚则要号啕大哭；死者进行火葬。

党项武士像

党项与中原王朝发生关系始于北周。天和元年（566年），党项羌发动叛乱，北周冀州刺史杨文思率兵平息了叛乱。隋朝建立后，党项人不断反叛，均被隋军平息。隋大业末年，今甘肃、四川西北等地的党项诸族强大起来。

党项诸族的强大自始至终有赖于中央王朝的力量，且与他们的大迁徙有关。唐太宗李世民对少数民族采取招抚政策。到贞观六年（632年），党项羌前后内属的人口达到三十万。贞观九年（635年），吐谷浑举部内属时，党项诸部也归降唐朝。党项到唐朝时形成了八个部落。贞观以后，吐蕃势力逐渐强大，邻近的党项诸族不断受到吐蕃攻击。开元年间（713—741年），党项拓跋部要求内迁，得到允准。党项拓跋部和野利部从原来居住的松州迁移到庆州。唐朝设芳池都督府进行管辖。

安史之乱后，为避免被吐蕃役使，从至德年间到永泰元年（756—765年）的十年间，内徙的党项部落进行了第二次迁徙，逐渐集中到灵、庆、夏、银、唐、绥、延、胜等州。这次迁徙形成了几个较大的部落，有以野利部为主的"六府部落"、以拓跋部为主的"东山部"和"平夏部"。之后东山部和平夏部因不堪吐蕃侵扰，东渡黄河，进入河东地区的石州（今山西离石）。贞元十五年（799年），又因不堪忍受唐镇守将领的侵扰，再次回到银、夏等地。

唐代诸党项部落中以拓跋氏势力最为强大。后来统一了党项各部落的拓跋氏属于平夏部。其始祖是拓跋赤辞。唐朝末年，其酋长拓跋思恭参与镇压黄巢起义，被唐王朝封为定难军节度使，爵号为夏国公，并赐姓李。之后其力量不断壮大，形成了一支强大的地方割据势力。在唐朝的军事行动中拓跋氏采取了观望的态度，保存了实力。唐末，拓跋氏达到极盛，兼有定难、保大、静难、宁塞四镇，领有定难、保大二藩镇的夏、绥、银、宥、鄜五州。

唐朝灭亡后，迫于形势，拓跋氏先后归降了后梁、后唐、后晋、后汉和后周，继续占有夏州之地。后梁凤历元年（913年），其首领拓跋仁福进封陇西王。后唐同光二年（924年），又被后唐封为夏州节度使、朔方王。此后的后晋、后汉、后周继续对夏州政权采用羁縻政策。五代时期,夏州党项虽臣服于中原,但却是一个独立的地方政权。

西夏与辽结盟。位于今陕西横山西北约五十公里的无定河东北岸的统万城遗址,是西夏拓跋氏的治所。

960年,赵匡胤黄袍加身,建立了北宋。夏州党项主动向北宋示好,贡奉马匹和牦牛,并主动参与抵御北汉对北宋的进攻。此时李继捧担任留后,夏州李氏政权内部因继承权问题发生内讧。太平兴国七年(982年),宋朝令李继捧入朝。李继捧五月进京,将夏州节度使所辖的银、夏、绥、宥、静五州之地献出,并留居京师。

身为定难军都知蕃落使的李继迁居住在银州,他得知五州之地已归宋朝,采用了亲信张浦"走避漠北,安立家室,联络豪右,卷甲重来"的建议,以乳母去世出葬郊外为由,将兵器藏在棺内,率领部众来到党项族聚居的地斤泽(今内蒙古鄂尔多斯鄂托克旗东北)。他出示了曾祖拓跋思忠的画像,借用曾祖的威信,吸引党项拓跋氏部众,积聚力量,以图恢复五州之地。

雍熙元年(984年),李继迁攻占了夏州西北的王庭镇(今内蒙古乌审旗西南),取得了对宋作战的第一次胜利。但不久,其驻地地斤泽被宋军击破。之后李继迁联络豪族,积蓄力量,四处出击,不久占领了银州、会州等地,但很快在浊轮川(今陕西神木北)被宋军击败,损失惨重。

西夏兴亡

于是李继迁开始谋求与辽结盟，企图借用辽的力量对付宋朝。当时辽宋不断交兵。李继迁在雍熙三年（986年）派遣亲信张浦使辽，请求归附。辽圣宗同意其归附，授李继迁为定难军节度使，都督夏州诸军事。不久李继迁向辽请婚，辽以义成公主赐婚。这样夏和辽建立了联盟。李继迁随后加强了对宋的攻势，屡挫宋军。

宋朝则采用赵普提出的"以夷制夷"的策略，起用李继捧为定难军节度使及五州观察处置押蕃落使，赐名赵保忠，回镇夏州。李继迁攻下银、绥二州不久，和李继捧发生火并。宋废毁夏州城，并囚禁了李继捧。不久宋真宗即位，李继迁上表修贡，表达了要收回夏州的决心。宋真宗下诏特授李继迁为夏州刺史，定难军节度使，夏、银、绥、宥、静等州观察处置押蕃落等使，并赐名赵保吉。这样丢失了十五年的党项故土又回到党项族手中。

西夏向宋求和。五州之地回到党项族手中，更大地激发了李继迁的野心。咸平五年（1002年），他率军攻占了灵州并建都于此，改灵州为西平府，建造宫室宗庙，设置官衙。此外，他在与宋的交涉中还恢复了绥、宥等边缘七镇，接着占据了西凉府。

景德元年（1004年），宋辽签订了"澶渊之盟"，政治形势发生了巨大的变化。李继迁的儿子李德明接受了李继迁临终前要求依附宋朝的遗言。景德二年（1005年），李德明被辽朝封为西平王。次年他又向宋进贡，请求和好。宋真宗鉴于巩固内部统治的想法，接受了党项的求和，于景德三年（1006年）九月正式签订和约。夏外结辽宋，试图利用双方的矛盾获取更大的利益，同时也使东部边境相对安定，可以解除东顾之忧，专心完成李继迁"西掠吐蕃健马，北收回鹘锐兵"的战略。天圣六年（1028年），在元昊的率领下，夏军攻破了甘州回鹘所居的甘州，不久又击败了吐蕃，占领了凉州，从而成就了一方霸业。

李德明在位期间对内休养生息，发展生产，夏的经济实力有所增强。同时夏宋之间设立了榷场，加强了党项人和汉人的经济文化交流。李德明将都城迁移到灵州怀远镇，改为兴州（今宁夏银川）。他虽然没有登上帝位，却为其子李元昊称帝建国奠定了坚实的基础。

元昊建立大夏国。元昊是德明的儿子。他生于景德元年，小名嵬理。在西夏语里，嵬是"惜"的意思；"理"，著名西夏学者王静如先生认为当为"埋"，即"富贵"之意。"嵬理"也就是"珍惜富贵"。

史籍记载，元昊生来俊秀，身高五尺有余，圆脸，高鼻，"性雄毅，多大略"，懂得汉

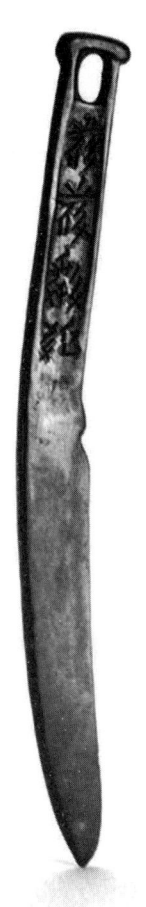

西夏文青铜短剑

文,也通晓佛学。书案上常有法律书籍,而流行的如《野战歌》《太乙金鉴诀》等兵书更是他的至爱。他平时喜欢穿白色长袖衣服,头戴黑冠,身佩弓矢。他在经略河西的过程中表现出非凡的军事才能,从而显示出勃勃雄心。他对父亲完全照搬中原典制的做法十分不解,要求父亲叛宋自立,建立自己的党项族政权。正是幼时培养起来的雄心,使他成为夏政权的开国之君。

在莫高窟、榆林窟的西夏壁画和黑水城出土的西夏绘画中,都可以看到西夏人髡发的形象。他们头顶剃光,周边留发,与契丹的髡发相似。元昊在即位的天授礼法延祚元年(宋宝元元年,1038年)三月,即下髡发令,推行党项传统发式。党项最早披发蓬首,后来迁移到银、夏等地之后,与汉族人杂居,生活习惯渐趋一致,一些党项人开始用汉人风俗结发。元昊认为,自己的祖先是鲜卑拓跋氏,党项人应该遵守鲜卑人髡发的发式,如果有三日内不从的人,众人共杀之。这是元昊即位后处处标榜自己与中原政权不同的一个表现。他还去掉唐、宋所赐的李姓、赵姓,改号"嵬名氏",更名为"曩霄",自称"兀卒"(可汗),并以避父讳为由改宋年号明道为显道,开始使用自己的年号。

1033年五月,元昊改兴州为兴庆府,大兴土木,营建宫殿。为了表示其既不同于中原帝王,也不同于党项贵族,他仿照吐蕃赞普的服饰,穿着白衣窄衫,毡帽红里,冠顶后垂红结绶带。他还规定文官和武官的服饰,并规定平民只能穿青色、绿色的衣服。

西夏文书籍残页

1038年十月十一日,在兴庆府,元昊举行了登基加冕仪式,正式宣告建立大夏国。他追谥李继迁为神武皇帝,庙号太祖,父亲李德明为光圣皇帝,庙号太宗,并封妻子野利氏为宪成皇后,册儿子宁明为皇太子。

西夏文字创制。文字代表了一个民族的文化水平。最能体现元昊强烈民族意识的是他即位后着手创制推行党项民族自己的文字。他命大臣野利仁荣参照汉字创制党项文字,编纂成十二卷,史称"蕃书",也就是西夏文。

虽然元昊极力表现他的民族性格，但党项和汉族关系颇深，所受汉文化影响很大。李继迁的时候便招揽汉族儒士，渐行中国之风。李德明时的礼乐仪式基本仿照中原帝制。因此元昊不可能从根本上摆脱汉文化的影响。他仿照宋朝官制建立了中央官制，采用宋朝的朝仪，推广仿照汉字创制的西夏文字，翻译《孝经》《尔雅》等汉文典籍。首都兴庆府也仿唐宋都城建制。今存于宁夏银川贺兰山东麓的西夏皇陵也建于元昊时期，其陵寝制度是参照宋陵而作。

庆历和盟。西夏建国后，元昊上表宋仁宗要求承认他的皇帝称号。宋朝自然不愿意承认元昊的帝位，下令削夺赐姓和官爵，停止与夏的互市，并在宋夏边境张贴榜文，悬赏重金捉拿元昊。元昊则断绝了与宋朝的往来。双方的局势骤然紧张。

北宋康定元年至庆历二年（1040—1042年）的三年中，元昊多次发动了对宋的战争。其中规模较大的有康定元年延州附近的三川口之战、次年二月六盘山地区的好水川之战和庆历二年的定川寨之战。三次战争都以元昊胜利而告终。

元昊虽不时叫嚣要直捣中原，但夏宋之间的连年战争使夏财力匮乏，阶级矛盾和民族矛盾激化。边界互市的关闭造成夏境内生活必需品奇缺。而夏辽关系恶化，使夏开始寻求媾和。宋朝在经历几场战争后也趋向媾和。最终双方达成协议，订立了庆历和盟。

合约中，宋朝承认了西夏的实际地位，而元昊以"夏国主"

向宋称臣。宋每年赐给夏银、茶、绢帛共二十五万五千,并恢复双方边境的榷场。此后元昊在他的夏国行使君权,与皇帝无异。夏宋的结盟导致了夏、辽关系的瓦解。

元昊在政治上颇有成就,是历史上著名的政治家。但他生性多疑、残暴,好杀戮。即位后将曾密谋杀他的母族卫慕山喜一族溺死河中,并杀害了自己的母后和妃子。宋人利用他的这一特点,采用离间之计除掉了他的股肱大臣野利旺荣兄弟。元昊妻妾成群,正式的妻子就有八位。他骄奢淫逸,曾经将太子宁令哥选定的妻子据为己有,还曾将大臣野利遇乞的妻子没藏氏占有。他的这些做法最终导致了悲剧的发生。

西夏天授礼法延祚十一年(北宋庆历八年,1048年)元宵节,太子宁令哥在国相没藏讹庞兄妹的怂恿下,趁元昊酒醉之时,刺伤了元昊。元昊不久去世。如此一代枭雄却没有逃脱宫闱之祸,惨死于自己儿子的刀下。

西夏对汉文化的吸收。元昊死后,西夏进入了没藏氏专政时期。元昊之子谅祚诛杀没藏讹庞之后,开始亲自执政。他首先根据实际情况,去蕃礼,从汉礼。西夏奲都五年(北宋嘉祐六年,1061年)十月,下令全国范围内停止使用蕃礼,从第二年起用汉族的礼仪接待宋朝使臣。他还整编了原有的十二监军司，更换了军名和驻屯地点，改变了军政合一、各监军司权力过大的状况，并使地方文武官员互相牵制，稳固了统治。此外，他还仿照宋朝官制增设了各部尚书等官制，使西夏官制比元昊时更为完备。对外方面，西夏拱化元年（北宋嘉祐八年，1063年），吐蕃首领禹藏花麻以西使城（今甘肃定西西南）和兰州（今甘肃皋兰）归降了西夏。后来夏又招服了河州吐蕃等部，进一步统一了中国西部边陲。

西夏永安二年（北宋元符二年，1099年），乾顺依附辽朝，得以亲政，同时又约好宋朝。对汉文化倾慕已久的乾顺，亲政后大力倡导汉文化。他将都城兴庆府改为中兴府，在"蕃学"之外，建立了国学，教授汉学，推广儒学。他吸取外戚专权的历史教训，削夺母党势力，并对皇族进行分封。其结果是加强了皇族的权力，但也给政权增加了不稳定因素。

此时，宋军不断攻击宋夏边境。西夏元德元年（北宋宣和元年，1119年），乾顺对宋大获全胜，宋不得不接受与夏国议和。北方的女真族建立了金国，南下进攻辽朝。乾顺因与辽的密切关系，屡次出兵援助辽，都遭败绩。乾顺见辽朝灭亡已成定局，答应向金上表，以示归附金朝。乾顺借金朝南下攻宋之机，攻占了金国许诺给夏国的天德、云内等宋朝沿边州城。西夏正德元年（南宋建炎元年、金天会五年，1127年），金与夏因天德、云内等州的归属问题发生战争，最终金朝将陕西北部约数千里地方划给夏国，而天德、云内归属金朝。此后乾顺又用重金从金朝手中得到乐州、积石州和廓州等地。此时夏国形成了前所未有的疆域。

西夏大德五年（南宋绍兴九年、金天眷二年，1139年），嵬名仁孝继位，即为仁宗。他在位时间长达五十四年，是夏国历史上在位时间最长的皇帝。仁宗继位后利用任得敬平息了辽将萧合达的叛乱。西夏大庆三年（南宋绍兴十二年、金皇统二年，1142年），夏国发生了严重的饥荒和地震，兴庆府余震"逾月不止"，房屋倒塌不计其数，人和牲畜死亡数万。党项族众难以维持生计。次年发生了多次起义。仁宗免除受灾者的赋税，对饥荒严重的地区进行赈济，使受灾民众确实得到救助。同时，他依靠任得敬利用武装镇压和收买瓦解的办法，逐渐平息了韦州、静州等地的起义，最终将蕃部的首领哆讹杀害。

仁宗十分钦慕汉文化，即位之初极力推广中原儒家文化。他在位期间是西夏文化最为繁荣的时期。西夏人庆元年（南宋绍兴十四年、金皇统四年，1144年）六月，仁宗下令各州县设立学校，又在宫中设立了小学，规定宗室子弟七岁到十五岁必须入学，仁宗和皇后罔氏还亲临指导。次年七月，仁宗仿效宋朝制度，建立太学，亲自主持释祭大礼。同年命乐官李元儒参照宋朝乐书修订西夏乐律。他还尊孔子为文宣帝，命州郡建立孔庙，祭祀孔子。除此之外，他还采取了科举制度，建立内学和翰林学士院，任命王佥等纂修本朝实录。

在圣彼得堡的东方文献研究所中,保存着俄国人科兹洛夫从黑水城遗址盗掘的众多西夏文文献。19世纪末20世纪初,西方国家以科学考察为名进入我国西部地区。1908年,俄国将军科兹洛夫听到了关于蒙古黑将军和宝藏的传奇故事,便设法来到居延海之滨的黑水城。黑水城,蒙古语称为哈剌浩特,位于今内蒙古额济纳旗。他这次虽然没有找到宝藏,却将黑水城出土的西夏文写本和刊本四百零五种三千多件带回了圣彼得堡。

西夏仁宗在位时,大量的文学和艺术作品问世,印刷业和出版业得到空前发展。其中诗歌集《月月乐诗》,学术著作《圣立义海》,还有西夏文汉文双解词典《番汉合时掌中珠》等,都是仁宗时雕版印刷的。

经专家研究,《番汉合时掌中珠》是西夏人骨勒茂才在仁宗乾祐二十一年(1190年)编写的一部夏汉、汉夏对译词典。刊本页面23厘米×15.5厘米,文面18.7厘米×12厘米,在夏字旁注汉字音、释义,汉字旁也注明夏字对音。它为我们认识西夏文字提供了方便,是名副其实的西夏文汉文双解词典。1914年,中国学者罗福成、罗福苌兄弟从俄国人伊凤阁手中得到了《番汉合时掌中珠》,开始研究西夏文的造字结构,后来他们刊布了这部书。从此西夏文为更多的研究者所解读,西夏文明也就此揭开了神秘的面纱。

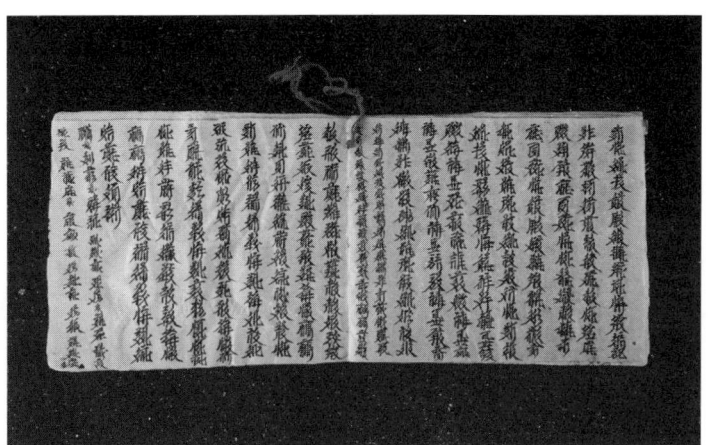

西夏写本《佛顶放无垢光明入普门观察一切如来心陀罗经卷》

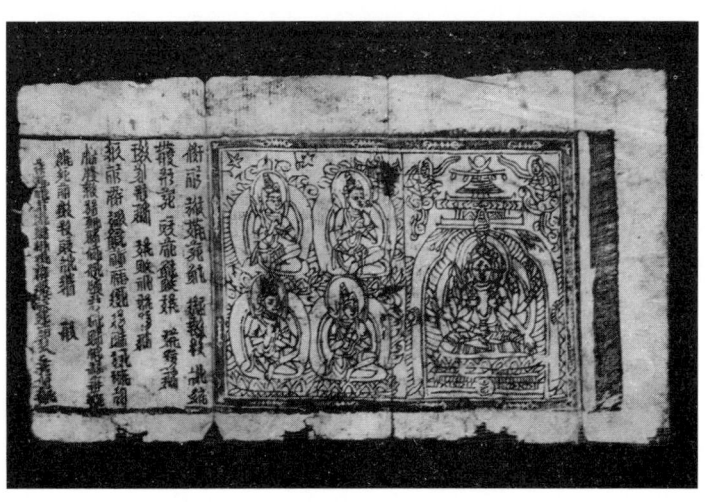

西夏刻本《顶尊相胜总持功德依经集》

20世纪和21世纪之交，中国社会科学院民族学和人类学研究所的史金波、白滨和上海古籍出版社的蒋维崧先生将黑水城文献拍照并结集出版，其中很多诸如《文海》《圣立义海》《义同一类》《文海宝韵》等西夏文字韵书我们都可以看到。

西夏佛教的发展。仁宗时，佛教得到了空前的发展。早在9世纪，与吐蕃毗邻的党项人就开始接受藏传佛教的影响。北宋天圣八年（1030年），李德明就向宋请求赐予佛经，得到允准。元昊本人就通晓浮图之学。西夏开运元年（北宋景祐元年，1034年），元昊再次向宋请求赐予佛经。元昊立国之初，便大兴土木，建造舍利塔，兴建了规模宏大的高台寺和大佛寺。他还下令每个季节第一个月的初一为圣节，让官员和百姓礼佛。没藏皇后摄政时建造了著名的承天寺，并相继两次从宋朝得到大藏经。谅祚亲政后及秉常初期，也曾两次向宋请求赐经。

秉常和乾顺在位前期，母后摄政，两位梁太后都大力推崇佛教。当时的莫高窟、榆林窟都有西夏佛教信徒前往。西夏天祐民安四年（北宋元祐八年，1093年），梁太后发愿，动工重修了护国寺和其中的感通塔。梁太后去世后，乾顺为给母亲祈福，于西夏永安元年（北宋元符元年，1098年）修建了甘州卧佛寺。这就是保存至今的位于甘肃张掖市的大佛寺。寺中卧佛长达三十五米，仍然保留着原来的样子。

现今发现西夏时期刻印最早的佛经是西夏天赐礼盛国庆五年

莫高窟壁画《西夏王妃供养图》

(1073年)陆文政私人刻印的《大般若波罗密多经》，官刻以西夏人庆三年（1146年）雕印的《妙法莲华经》汉文佛经为最早。西夏天盛十一年（南宋绍兴二十九年、金正隆四年，1159年），仁宗派使臣到西藏奉迎迦玛迦教派的初祖都松钦巴。都松钦巴派大弟子格西藏琐布带着经像到达凉州，被仁宗奉为上师，并组织人力大规模翻刻他带来的佛经。这一时期刻经活动及西夏文佛经的校勘比较频繁。现今保留的西夏文佛经中如《悲华经》《现在贤劫千佛名经》《大方广佛华严经》《大般若波罗密多经》《金光明最胜王经》等都是这一时期的作品。西夏乾祐二十年（1189年），仁宗在大度寺举行盛大的法会。这次法会上施经达二十万卷。辽金两代先后刻有《契丹藏》和《赵城藏》汉文佛经，宋朝刻有《开宝藏》，西夏以《开宝藏》《契丹藏》或《赵城藏》系统校勘，使西夏文佛经的翻译整理更加准确。

仁宗不仅以佛儒治国，还十分注重法治。天盛年间（1149—1169年），仁宗组织人员参照唐宋律令和夏国的风俗习惯，编纂了一部综合性法典——《天盛改旧新定律令》，用西夏文雕版印刷，颁布施行。现在这部法典已经由史金波、聂鸿音、白滨三位先生译为汉文出版。全书二十卷，分一百五十门，一千四百六十条，详细地反映了西夏政治、经济、军事、文化等各个方面的情况。

西夏灭亡。西夏仁宗之时，政治局势相对稳定，而此时正值辽亡金兴。仁宗对外归附金宋，减少了战争消耗，人民得以安居乐业。西夏人庆三年（南宋绍兴十六年、金皇统六年，1146年），仁宗从金朝那里获得了德威城（今甘肃靖远）、定边军等沿边城寨。此时夏国的疆域空前扩大，包括了今宁夏全部、甘肃大部、陕西北部、内蒙古西南部、青海东北部以及新疆的部分地区。如此内外安定的局面为仁宗时夏国的经济和社会文化繁荣提供了良好的条件。

桓宗时期继续奉行仁宗时对内休养生息，对外归附宋金的战略，社会经济文化继续发展。此时位于漠北草原上的蒙古族迅速强大起来，对夏国构成了威胁。夏军难以抵挡蒙古军队的攻击。西夏应天元年（南宋开禧二年、金泰和六年，1206年），仁宗之侄李安全在罗太后的纵容下发动宫廷政变，废黜了桓帝纯祐，自立为帝，即襄宗。襄宗时，西夏开始走向衰落。

最初，西夏与金联合抗击蒙古军队。1207年，成吉思汗得知安全废主自立后，率兵攻夏，直逼中兴府城下。安全只得向成吉思汗求和。蒙古军队撤退后，安全对金见死不救耿耿于怀。西夏皇建元年（金大安二年、南宋嘉定三年，1210年），派兵攻打金夏交界的葭州（今陕西佳县）。夏金关系正式破裂。次年，齐王遵顼自立为帝，即位后一改桓宗附金抗蒙的战略，开始归附蒙古，借蒙古攻金之机屡次出兵攻击金朝，但多以战败而告终。

此时成吉思汗因西征花剌子模而向西夏征兵。西夏国内兵民厌战，不愿出兵。西夏光定二年（南宋嘉定五年、金崇庆元年，1212年），成吉思汗围困中兴府，遵顼被迫逃往西凉府，直至蒙

内蒙古阿拉善盟额济纳旗西夏黑城子遗址

古军退去。这件事情使遵顼开始意识到蒙古的威胁,由最初的一味抗金转为时而联金抗蒙,时而联宋抗金。但他的这一战略,丧失了金朝的信任,联宋抗金也屡遭败绩。西夏光定十一年(南宋嘉定十四年、金兴定五年,1221年),夏开始归附蒙古,多次出兵配合蒙古军进攻金朝。1223年,遵顼在蒙古军的威逼下,被迫让出皇位。他的儿子德旺继位后,试图反抗蒙古,但在蒙古军强大的攻势面前不得不请求归降。

1225年,德旺希望联合金朝抗击蒙古,并收留了成吉思汗的仇敌乃蛮部屈出律罕的儿子。次年,成吉思汗以此为借口亲率十万大军南下攻夏,蒙古军所到之处势如破竹。灭西夏之前,成吉思汗病故，他立下遗嘱，秘不发丧。西夏宝义二年（南宋宝庆三年、金正大四年，1227年），刚刚继位不久的西夏末主李睍献城投降。为了防止生变，蒙古军遵照成吉思汗的遗嘱，将李睍等杀死。西夏灭亡。

西夏享国一百九十年（1038—1227年），远比辽、金两代享国时间长。正是其利用宋辽、宋金之间的矛盾，使自己有了生存的空间。虽然它始终不被宋、辽、金、元视为正统政权，仍需向宋、辽、金三朝称臣，但它与西部各族人民一起吸收汉文化，创造了灿烂辉煌的西夏文化。西夏政权对于西北的统一也为后来元朝统一全国奠定了坚实的基础。夏国在蒙古军队的铁蹄之下消逝了。虽然它没有独立的一部记载过往的史书，但位于今宁夏银川西部约三十公里的贺兰山麓，屹立着的大大小小约二百多座被誉为"东方金字塔"的西夏王陵，向人们诉说着西夏远去的辉煌。

蒙古兴起

成吉思汗像

亚洲腹地，辽阔的草原和无垠的沙漠点缀其中，这里生活着一个伟大的民族——蒙古族。这个马背上的民族，已经在这里繁衍生息了许多个世纪。骑着骏马，唱着牧歌，赶着牧群，逐水草而居，融入大地与天空，过着天人合一的游牧生活。

历史的脚步常常出人意料。13世纪上半叶，茫茫草原上突然刮起一阵旋风。旋风掠过大半个欧亚大陆，一个让全世界震惊的草原游牧帝国，像一轮太阳跃出历史的地平线。这个游牧政权的缔造者，就是被称为一代天骄的成吉思汗。

蒙兀室韦武士独木棺，内蒙古呼伦贝尔市陈巴尔虎旗西乌珠尔出土。

铁木真坎坷的幼年时光。成吉思汗本名铁木真，出身于蒙古部乞颜氏贵族世家。

蒙古则发源于中国东北，属室韦诸部的一支——蒙兀室韦。

室韦的名称最早见于《魏书》，作"失韦"，与鲜卑、乌桓、契丹等族同属一源，均属东胡系统。而根据新旧《唐书》记载，我们可以大致推测出"蒙兀室韦"的方位在额尔古纳河下游之东，大兴安岭的北端。南宋初年洪皓所著《松漠纪闻》也明确指出，蒙古"即唐蒙兀部"。

无独有偶，14世纪初波斯蒙古伊利汗国宫廷史学家拉施特所编《史集》，也对蒙古族的发祥地做出如下描述：大约距今两千年前，古代被称为蒙古的那个部落，与另一些突厥部落发生了矛盾，终于引起战争。据值得信赖的贵人们所转告的一则故事说，另一些部落战胜了蒙古人，对他们进行了大屠杀，使他们只剩下两男两女。这两家人害怕敌人，逃到了一处人迹罕至的地方，那里四周唯有群山和森林，除了通过一条羊肠小道，历经艰难险阻可达其间外，任何一面别无途径。在这些山中间，有丰盛的草和气候良好的草原。这个地方名叫额尔古涅—昆。"昆"字意为山坡，而"额尔古涅"意为险峻；这个地方意即"峻岭"。

传说中的蒙古人逃难地——额尔古涅—昆，无疑也正是指现在中国东北额尔古纳河以东的山地。

大概自9世纪起，蒙古诸族即开始从兴安岭山地向西面的草原地带迁徙，这一迁徙是逐步渐进式的，其中一支迁到了漠北草原斡难河（今蒙古国鄂嫩河）上游的不儿罕山地区（今蒙古国肯特山）。辽金时代，蒙古部曾一度强盛过，出现过部落联盟与联盟首领——汗，并与金朝时常发生战争。但到成吉思汗的祖辈时，随着他的伯祖俺巴孩汗被金人杀害，蒙古部就再也没有出现统一的首领。

12世纪的蒙古草原，群雄林立。除了蒙古部外，还有塔塔儿、斡亦剌、弘吉剌、札剌亦儿、克烈、乃蛮等一系列强大部落，这些部落相互间不断发生战争。

有星的天
旋转着
众百姓反了

不进自己的卧内

互相抢掠财物

有草皮的地

翻转着

全部百姓反了

不卧自己被儿里

互相攻打

——《蒙古秘史》

《蒙古秘史》是中国第一部由北方少数民族学者撰写的史学与文学名著，详尽记载了成吉思汗早年的艰难历程及蒙古崛起的历史。

成吉思汗的父亲也速该把阿秃儿，是蒙古乞颜部一位颇有实力的贵族。南宋绍兴三十二年、金大定二年（1162年），在与塔塔儿部的一次战役中，也速该取得胜利，俘获了塔塔儿首领铁木真兀格，此时正值铁木真出生，于是也速该就以此为自己的孩子命名，以纪念这次胜利。据说，当铁木真挣扎着来到这个世界时，右手紧握一块黑色凝血，这一现象曾被不同史料反复提及，似乎预示这个呱呱坠地的小男孩注定将有一个不平凡的人生。

铁木真八岁时，也速该把他带到盛产美女的弘吉剌部，为他订下了一门亲事，未婚妻是弘吉剌部特薛禅的女儿，比他年长一岁的孛儿帖。铁木真随后就留在了岳父家里，也速该一人独自返回。可不幸的是，在返回途中，也速该被世仇塔塔儿人认出，并设计毒死。

铁木真听到这个消息，迅速回到临终父亲的床边。更不幸的是，当他返回家园时，也速该部众已经分崩离析，铁木真一家也遭到了自己的近亲泰赤兀氏的驱逐。

年幼的铁木真只好在母亲诃额仑的带领下，与几个弟妹一起，到处流浪，自食其力。为了生存下去，铁木真甚至为了一点儿食物，就杀死了自己的异母兄弟别克帖儿，显示出其性格中残忍的一面。

几年后，泰赤兀氏怕年龄渐渐长大的铁木真成为后患，将铁木真抓获，戴上木枷，由部众轮流看守。后来靠好心人的帮助，铁木真才侥幸逃脱。

追随王罕与札木合。在饱尝艰辛后，铁木真意识到需要有强有力的首领庇护，才能发展壮大自己的势力。于是他返回弘吉剌部，迎娶自己的妻子孛儿帖，并带上从妻家得来的礼物——一件黑貂皮外套，前去投靠父亲早年的安答（anda，蒙古语"契交"之意，相当于盟兄弟）王罕（即脱斡邻），认其为义父。

王罕是当时漠北草原势力最为强大的克烈部首领，曾帮助金朝打败过桀骜不驯的塔塔儿部，被金朝赐予王的封号，与以前的汗号合并，所以被称为王罕。王罕认同了与铁木真的关系，答应为铁木真及其家族提供保护。

不久，厄运又降临到铁木真头上，蔑儿乞人为报十几年前也

蒙古武士像

速该抢走诃额仑之仇，向铁木真突然发起进攻，铁木真骑着马与亲属们仓皇逃入不儿罕山区，他年轻美貌的妻子孛儿帖则被蔑儿乞人掳走。铁木真在不儿罕山向长生天祈祷了三天三夜，然后向王罕请求帮助。王罕答应了他的请求。随后，铁木真又向儿时的安答——札答阑部首领札木合求助。此时的札木合已是草原枭雄，在他旗号下集结了大批追随者。札木合爽快地答应了铁木真，并与铁木真再次盟誓，重申以前的安答关系。随后，铁木真、札木合与王罕兵合一处，翻山越岭，进入色楞格河畔蔑儿乞人的营地。蔑儿乞人仓促应战，很快溃散，铁木真重新夺回了自己的妻子。此后，铁木真即依附于札木合，随其游牧。

虽败犹胜的十三翼之战。 铁木真并不甘心久居人下，随着他羽翼丰满，势力壮大，逐渐与札木合产生裂痕，并最终脱离了札木合的阵营，建立了自己的斡耳朵，成为汗。铁木真的举动，惹怒了札木合。结果，大约在1190年代，双方爆发了大规模战争。

札木合阵营有札答阑、泰赤兀等十三部,铁木真也将所属部众分为十三翼前去迎战,史称"十三翼之战"。此次战役,铁木真虽然失败,但因札木合事后血腥报复,大肆屠杀,许多部众反而又投向铁木真,铁木真的实力又有所增加。

在与札木合决裂后,铁木真与王罕之间也开始出现裂痕。

在一次联合对乃蛮部的战争中,王罕慑于乃蛮部的强大阵势,率领所部不辞而别,将铁木真部暴露在敌人视野之内。铁木真发现情形于己不利,迅速撤兵,又将王罕暴露敌前。结果最终还是王罕遭到乃蛮人袭击,损失惨重,最后不得不向铁木真求救。铁木真不计前嫌,派出自己手下最得力的"四杰"(博尔术、博尔忽、木华黎、赤老温)前往救援,才击退了乃蛮追兵。

南宋庆元二年、金明昌七年(1196年),金朝丞相完颜襄率部清剿塔塔儿人,将其打败,铁木真趁机与王罕合兵,在斡里札河彻底击溃了塔塔儿人。事后,铁木真与王罕一起受到金朝嘉奖,获得了札兀惕忽里(ja'utquri)的官位。这只是一个统领之类的小官,但因系金朝所封,大大提高了铁木真在草原诸部的威望。

13世纪初,针对铁木真与王罕,漠北高原形成了以札木合为首的诸部联盟,共推札木合为菊儿汗(众汗之汗)。双方在海剌儿河(今海拉尔河)附近展开激战,最后联盟被摧毁,札木合投降了王罕。

南宋嘉泰二年、金泰和二年(1202年),铁木真最终铲除了宿敌塔塔儿部，占据呼伦贝尔草原，实力猛增。

凝聚军心的班朱尼盟誓。王罕见铁木真的势力不断壮大，深知如果再不动手的话，自己称霸草原的时代就要结束，于是在其子桑昆与札木合等人的怂恿下，在南宋嘉泰三年、金泰和三年（1203年）设下圈套，诱铁木真前来议婚，随后又对其发动突然袭击。结果，铁木真在合兰真沙陀（今内蒙古东乌珠穆沁旗北境）大败，仓皇逃至班朱尼河边。铁木真环视左右，仅十九人跟随，便大呼谁助他完成大业，十九人齐声响应，誓死跟从。铁木真十分感动，命同饮浑浊的河水，并举手向天立誓："与我共饮此水者，世为我用！"铁木真的这番誓言深深打动了十九名将士。这就是载入蒙古帝国史册的"班朱尼河盟誓"。后来，十九名将士全部成为蒙古帝国的开国功臣。

随后，铁木真采取诈降策略，麻痹王罕，然后率军奇袭王罕大帐，反败为胜，彻底消灭了强大的克烈部。王罕在逃亡途中被乃蛮边将误杀，札木合则随后投降了乃蛮人。

漠北草原西部的乃蛮部，此时在太阳汗的统治下，见铁木真势力越来越强大，便派遣使臣前往为金朝看守界壕的汪古部，想约请汪古部长阿剌兀思剔吉忽里夹攻铁木真。结果，阿剌兀思剔吉忽里反倒投降铁木真，并将乃蛮部的阴谋和盘托出。

南宋嘉泰四年、金泰和四年（1204年），铁木真与乃蛮人决战，太阳汗战死，乃蛮被消灭。札木合在战前即已逃跑，后在逃亡途中，被自己的手下绑赴铁木真处，以不流血的方式被处死。

至此，漠北草原上的诸强邻基本上被铁木真削平，铁木真成为蒙古高原最强有力的统治者。

一代天骄成吉思汗。南宋开禧二年、金泰和六年（1206年）在蒙古历史上具有划时代的意义。这一年春天，铁木真召集各

《成吉思汗登基大典》

部贵族那颜，在斡难河源蒙古"根本之地"召开忽里台（蒙古语 quriltai，大会的意思），建九斿白旗，正式登上大汗宝座。他所建立的国家，当时被称为也客·蒙古·兀鲁思（Yeke Mongghol Ulus），也就是大蒙古国。出身晃豁坛部族的巫师阔阔出代表上天发言："如今地上称为古儿罕的各国君主都被你征服，其领土都归你治下，因此你也应该有普天下之汗的尊号。上天旨意，你的称号应为成吉思汗。"于是铁木真就此被尊奉为成吉思汗。

有关"成吉思"的含义，有很多解释。南宋赵珙《蒙鞑备录》说是译语"天赐"二字，拉施特《史集》则称是蒙古语"坚强有力"的意思。学术界的解释也有很多。像法国伯希和认为来源于突厥语

tengiz，意为海洋，成吉思汗意为像海一样广大的皇帝。澳大利亚罗亦果则认为来源于突厥语 Chingis，意思为可怕的、强健的。

大蒙古国的制度，有不少来源于草原传统，也有不少是从成吉思汗时代才出现的。

首先是千户制度。十进制的组织形式，在草原地区有着悠久的传统。大蒙古国建立后，成吉思汗也采用这种编组方式，以千户作为军政合一的基本单位，每个千户组织都有自己的固定牧场，不得擅自迁徙。

此外，成吉思汗还任命木华黎为左手万户，统辖东方诸千户；博尔术为右手万户，统辖西方诸千户；纳牙阿为中军万户；豁儿赤也被任命为万户，统辖八邻部三千户等，镇守北方。与千户长性质不同的是，万户长只是军事统帅，无行政职权。

《蒙古秘史》与《史集》均保留有千户组织的一份详细名单，不过内容互有出入，总数目为九十五个上下。此前游牧政权的千户组织，大都是以氏族部落为核心组成，成吉思汗时代虽然也有这方面的残留，但更多的千户组织则是在打乱血缘纽带（尤其是那些敌对部族）基础上的重新整合。相当多的千户被成吉思汗分配给自己的亲属，千户及百户那颜（即千户长、百户长）虽然不少由原有的氏族部落首领担任，但他们已不像从前那样对手下有领属权。

"东路蒙古室韦亲军百户所"铜印,内蒙古呼伦贝尔市民族博物馆藏。

"钦察亲军千户所"八思巴文铜印,内蒙古呼伦贝尔市民族博物馆藏。

"称海屯田万户"铜印,内蒙古通辽市博物馆藏。

其次为护卫军，蒙古语称怯薛（keshig）。

在大蒙古国建立前，成吉思汗就有一支包括八十名宿卫、七十名散班、四百名箭筒士在内的护卫军。建立政权后，成吉思汗将这支护卫军扩充到一万名，其中箭筒士一千名、宿卫一千名、散班八千名。由宿卫值夜班，箭筒士、散班值日班，各分四队，轮番入值，每番三昼夜，总称"四怯薛"，以四杰（博尔忽、博尔术、木华黎、赤老温）分任四怯薛长。

怯薛作为大汗亲军，主要负责守卫大汗营地并分管汗廷各项事务，而且还具有政府职能，因此内部分工很细，有火儿赤（qorchi，佩弓箭者）、云都赤（ulduchi，佩刀者）、速古儿赤（sugurchi，尚供衣服者）、博儿赤（ba'urchi，厨子）、必阇赤（bichigchi，书记）、札里赤（jarliqchi，书写圣旨者）等十几种名目。怯薛散班成员从各千户、百户、十户以及平民的子孙中选拔，各级那颜必须将自己的儿子送来服役，不得逃避或请他人代替。怯薛各执事官作为大汗近臣，地位高于千户那颜。

蒙古建国时，成吉思汗的六弟失吉忽秃忽（塔塔儿人，诃额仑养子）被任命为普上断事官（也可札鲁忽赤，yeke jarquci）。成吉思汗对他说："你与我做耳目，但凡你的言语，任谁不许违了。如有盗贼诈伪的事，你惩戒着，可杀的杀，可罚的罚。百姓每分家财的事，你科断着。凡断了的事，写在青册上，以后不许诸人更改。"此后，断事官制度成为大蒙古国的基本政治制度，失吉忽秃忽作为当时的中央最高行政、司法长官，被汉人称为"胡丞相"。以断事官处理政务的制度，在大蒙古国前四汗时期一直得以延续。

札撒（jasaq）在蒙古语中有命令、法令的意思。蒙古建国前后，成吉思汗颁布了一系列的法令、训言（必里克，bilik）。在1219年蒙古第一次西征前举行的大聚会上，又"重新确定了训言、法令和古来的体制"，下令将其内容全部写在纸卷上，编订为《大札撒》。

《大札撒》虽然已经失传，但由成吉思汗所确立的治国原则，却为后代所遵守。以后，每当新君即位，或者是朝廷共议国家大事，都要由专人捧出《大札撒》在忽里台上宣读，以示遵照成吉思汗的法则办事。直到14世纪帖木儿帝国崛起，《大札撒》仍然是帝国的行为准则。

分封子弟与部属。"太祖皇帝初起北方时节，哥哥、弟兄每商量定，取天下了呵，各分地土，共享富贵。"成吉思汗统一蒙古高原后，按蒙古社会家产分配的传统，将所属部民在亲属中进行了分封，为诸子、诸弟划定了封地范围。

其中，他的弟弟合撒儿、合赤温（当时已死，由其子按赤台继承）、铁木哥斡赤斤等的封地在蒙古东部，被称为"东道诸王"

或"左手诸王";他的儿子术赤、察合台、窝阔台的封地在西部,被称为"西道诸王"或"右手诸王";幼子拖雷按照蒙古幼子继承财产的惯例,留驻蒙古本土,继承成吉思汗绝大部分属民、军队。

以后随着蒙古帝国征服地域的扩展,各宗王尤其是"西道诸王"的封土在不同程度上又有所扩大。不过,这些宗王所得到的封地均系游牧地区,新征服的农耕地区,则作为黄金家族的共同财产,由蒙古大汗所派驻的政府官员(断事官)管辖。

蒙古起先并无文字,凡是对外发号施令,都是刻木记事。

灭亡乃蛮后,乃蛮太阳汗的掌印官塔塔统阿被俘,成吉思汗见他怀抱金印,问他有何用,塔塔统阿回答说:"出纳钱谷,委任人才,一切事皆用之,以为信验耳。"

乃蛮是文化程度较高的部族,受邻境畏兀儿人的影响,已经使用畏兀儿文记事。成吉思汗知道塔塔统阿通晓畏兀儿字,就命他教自己的子弟学习。以后蒙古逐渐采用畏兀儿字母来拼写蒙古语,创制了畏兀儿字蒙古文,并在以后用这种文字创作出像《蒙古秘史》那样辉煌的著作,这种文字历经几百年发展演变,直到今天仍为中国的蒙古族使用。

有一次,成吉思汗曾和部下探讨什么是人生最大快乐这一带有哲理的问题。他的部下博尔术等都认为,驾着猎鹰,骑乘骏马,穿着好衣，自由自在地打猎，乃是人生的最大乐趣。成吉思汗对这种观点颇不以为然，指出："镇压叛乱者，战胜敌人，将他们连根铲除，夺取他们所有的一切；使他们的已婚妇女号哭、流泪，骑乘他们的后背平滑的骏马，将他们的美貌的后妃的腹部当作睡衣和垫子，注视着她们的玫瑰色的面颊并亲吻着，吮她们的乳头色的甜蜜的嘴唇，这才是男子汉最大的乐趣！"

征服西夏与金。成吉思汗在大蒙古国建立伊始，就把对外发动掠夺战争，为黄金家族攫取财富，作为自己的首要目标。

蒙古政权建立时，军队只有十几万人，但在对外战争中，成吉思汗不断吸收各国归降军队，军队数量得到迅速补充。蒙古人丰富的狩猎经验与成吉思汗卓越的军事才能，使得蒙古军队能娴熟地使用各种战术，充分发挥骑兵的机动作战能力。当敌军强大时，迅速化整为零，不断骚扰敌军；当敌军疲惫不堪时，又能迅速集中，正面突破。这种战术往往使敌军无法适应，一触即溃。此外，各国先进武器的引进，也使蒙古铁骑如虎添翼，所向披靡。金哀宗在总结蒙古取胜的原因时，曾哀叹道："北兵所以常取金胜者，恃北方之马力，就中国之技巧耳。"

成吉思汗崛起的时候，蒙古周边四分五裂，已没有军事强国，这也是他成功的一个重要原因。

统一蒙古高原后，成吉思汗首先将用兵的重点放在西夏。1205、1207、1209年，成吉思汗连续三次对西夏用兵，其中第三次进攻，西夏主力被打垮，不少城池被攻陷，蒙古军队最后包围了西夏都城中兴府（今宁夏银川），以黄河水灌城。西夏国王被迫投降，献女求和，保证年年纳贡，并派军队协助蒙古进行对外战争。后来，因西夏王国拒绝派军随成吉思汗西征，遭到成吉思汗的疯狂报复，于1227年亡国，最后一代君主也身首异处。

西夏归降后，成吉思汗的下一个目标就是金朝了。

女真人建立的金朝是中国北方大国，刚刚经历世宗、章宗的极盛期。成吉思汗起初行动非常谨慎，不敢贸然进犯，依然按惯例向金朝纳贡。可当他通过契丹降人得知金朝政治腐败、军备松懈、内部矛盾严重时，对金的看法开始转变。

南宋嘉定元年、金泰和八年（1208年），金章宗去世，其叔父卫王完颜永济即位。以前成吉思汗到净州进贡，曾见到过完颜永济，对他的庸碌无能有所了解。完颜永济即位后，遣使传诏蒙古。成吉思汗在跪接诏书前问使者新君是谁，金使告诉他是卫王。成吉思汗当即向南面唾道："我谓中原皇帝是天上人做，此等庸懦亦为之耶，何以拜为！"骑马扬长而去。

完颜永济得到消息，异常愤怒，想要等成吉思汗下次进贡时，埋下伏兵，将其杀死。但消息走漏，成吉思汗宣布与金绝交，并于南宋嘉定四年、金大安三年（1211年）春大举南下，野狐岭一战，金军主力三十万全部溃散，"金人精锐尽没于此"，由此拉开了蒙古征服金朝的序幕。

蒙金战役

南宋嘉定六年、金至宁元年（1213年），金朝发生政变，皇帝完颜永济被杀，金宣宗即位。此时，蒙古三路大军已将黄河以北地区几乎全部梳理一遍，"凡破九十余郡，所过无不残灭。两河、山东数千里，人民杀戮几尽，金帛、子女、牛羊马畜皆席卷而去，屋庐尽毁，城郭丘墟矣。"

南宋嘉定七年、金贞祐二年（1214年）春，蒙古三路大军会师中都城下，迫于形势，金宣宗进献完颜永济女岐国公主及大量金币、大批童男女求和，这位公主因出身高贵，被称为"公主皇后"。成吉思汗满载虏获的百姓、牲畜、财物，退出关外。同年五月，唯恐蒙古铁骑再次南下，金宣宗宣布南迁汴梁，因宣宗的年号为贞祐，历史上称之为"贞祐南迁"。

听到消息后，成吉思汗派遣三摸合拔都、石抹明安率军再次南下，与哗变的金朝乣军合围中都。第二年五月，中都陷落。

南宋嘉定九年、金贞祐四年（1216年），成吉思汗封四杰之一木华黎为太师、国王，授予象征大汗权威的九斿白旗，统领札剌亦儿、弘吉剌、亦乞列思、兀鲁、忙兀五投下军，以及契丹、女真、乣汉各军，以燕、云为前进基地，专门经略金朝。成吉思汗则开始将注意力转向西方大国——花剌子模。

征服花剌子模。花剌子模是位于阿姆河下游的古国，几乎在成吉思汗兴起的同时，花剌子模在国王摩诃末的领导下，也迅速崛起，成为伊斯兰世界最强大的统治者。

1215年，成吉思汗曾接见过花剌子模使团，并派遣一支庞大的商队回访。不幸的是，这支商队在1218年进入花剌子模边境城市讹答剌（今哈萨克斯坦锡尔河中游东面的齐穆耳）时，被贪图金钱的当地长官诬陷为间谍，商队成员悉数被害。成吉思汗派遣三名使者前往花剌子模宫廷质问此事，又被傲慢的摩诃末处死一人，其余两人被剃须后驱逐出境。

花剌子模的野蛮行径，惹恼了成吉思汗。此前，他已派哲别率军进入两国之间的缓冲地带——西辽帝国，杀死篡夺西辽王位的乃蛮部主屈出律，征服西辽全境。至此，成吉思汗决意全力征讨花剌子模，于1219年夏，亲率二十万大军，兵分四路，开始了对花剌子模的征服战争，历史上也将这次战争称为蒙古第一次西征。

蒙古第一次西征，彻底摧毁了花剌子模这个新兴帝国，也毁灭了中亚绝大多数繁华的城市。摩诃末在蒙古大军的穷追猛打下，死在里海南岸一个荒凉的岛上。1222年冬，成吉思汗启程东还，并于1225年春回到蒙古本土。由哲别、速不台率领的一支追击摩诃末的分遣队，则深入俄罗斯南部，在击溃

蒙古西征

俄罗斯、钦察联军后，又攻入克里米亚半岛，随后返回蒙古。蒙古第一次西征至此结束。

大蒙古国的分裂。1227年夏，成吉思汗在灭亡西夏的战争中去世，享年六十六岁。

此前，成吉思汗的身体已经出现不适，天气也变得酷暑难耐，他的部属曾劝他暂时回蒙古养病，但西夏末代国王的斗志惹怒了他，最终使他奋不顾身地继续进行战争。成吉思汗死后，遗体被秘密安葬在所谓的"起辇谷"，具体地点已成为历史之谜。

内蒙古鄂尔多斯市伊金霍洛旗境内的成吉思汗陵内成吉思汗灵柩

成吉思汗留给子孙的是一个幅员辽阔的庞大帝国,他希望身后能有一个众望所归的儿子来领导这个帝国,把自己未竟的事业发扬光大。不过,成吉思汗的崇高威望,远非他的几个儿子所能企及,结果,当家族内部讨论这个问题时,产生了激烈争吵。

长子术赤是在成吉思汗最艰难的时候出生的,以后又随其东征西讨,立下赫赫战功,按理说最有资格继承他的事业。可不幸的是,孛儿帖在生术赤前,曾被蔑儿乞人俘虏过,故术赤血统一直备受争议,"术赤"的意思,就是"不速之客"。因此,当成吉思汗首先向术赤问话时,次子察合台立即跳出来说:"父亲问术赤,莫非是想让这个蔑儿乞人的杂种来继承汗位吗?"术赤勃然大怒,双方撕扯在一起,闹到了要决斗的地步。最后,察合台受到训斥,可他提出来的让三弟窝阔台接班的建议,却最终被成吉思汗采纳。

元太宗窝阔台像

家族内部的分歧,虽然暂时得到缓和,但分裂的趋势,却不可避免。窝阔台即位后,仅传两代,蒙古大汗的位置,就被成吉思汗幼子拖雷系夺去,并由此形成术赤系、拖雷系与窝阔台系、察合台系的对立,庞大的蒙古帝国最终陷入分裂。

成吉思汗的蒙古帝国是内陆欧亚游牧集团向外扩张的历史极限。此前,内陆欧亚草原也曾涌现出许多大大小小的游牧政权,但无论是其规模,还是对后世的影响,显然都无法与成吉思汗所建立的蒙古帝国并驾齐驱。

成吉思汗建立的大蒙古国,也是中国北方游牧政权的延续。蒙古高原在中国历史上一直是游牧王朝的心脏地带,这里草原

内蒙古额尔古纳河　　　　蒙古国肯特山

辽阔,水草丰美,非常适合畜牧经济与游牧生活,先后出现过匈奴、鲜卑、柔然、突厥、回鹘等强大的游牧帝国或联盟,它们与南面农耕地区的中央王朝相互对峙,共同构成中国历史不可分割的组成部分。成吉思汗所建立的蒙古政权,促进了北方民族共同体的联合与蒙古民族的诞生。成吉思汗及其继承人的挥戈南下,则可视为中国北方游牧政权南下的历史延续。

历史上,中国北方游牧政权也曾有过数度入主中原的历史,建立过不少以北方民族为核心的政权,但都没有出现过像元朝那样统一中国的王朝。就奠定中国现有疆域而言,蒙元王朝无疑是起了重要作用的,多民族的相互促进、相互融合,在此期间得到充分展现。当然,这种统一是伴随着血腥征服与持续破坏而完成的,统一只是其客观后果。

成吉思汗虽然颁布了贯穿他治国理念的《大札撒》,希望子孙能够恪守自己的立国原则,可对子孙后代能否保持他的传统,却怀有深深的忧虑,他曾说:"我们的后裔将穿戴织金衣,吃鲜美肥食，骑乘骏马，拥抱美貌的妻子，但他们不说'这一切都是由我们的父兄得来的'，他们将忘掉我们和这个伟大的日子。"

实际上，成吉思汗的子孙们在征服更遥远的地方后，都相继或多或少地背弃了他的传统。继其西征之后，他的儿子窝阔台汗、孙子蒙哥汗又发动了两次大规模的西征，从而奠定了钦察汗国与伊利汗国的疆域，但紧随其后的就是两个汗国的相继伊斯兰化。忽必烈开创的元朝，也因统治中心南迁，迅速地向中原王朝靠拢。

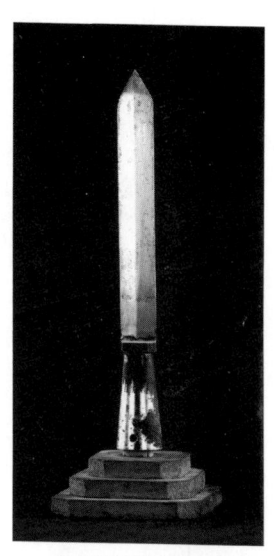

成吉思汗陵中的苏勒德，"苏勒德"为蒙古语，意为徽标。

成吉思汗和他的蒙古帝国创造了世界历史的奇迹。几十年间，蒙古军队征服的土地和人民，比罗马人花四百年时间征服的土地和人民还要多。从太平洋到地中海，蒙古人的铁骑溅起了每一条江河每一个湖泊的水花。蒙古帝国的全盛时期，统治地域几乎相当于非洲大陆的面积。从西伯利亚冰雪覆盖的冻土地带到南亚印度的酷热平原，从大兴安岭松嫩的草原到俄罗斯的草原，东至朝鲜半岛西至巴尔干半岛，都曾经是成吉思汗子孙的领地。

从此，蒙古高原让全世界久久仰望，仰望高原上空那一只雄鹰在展翅飞翔。

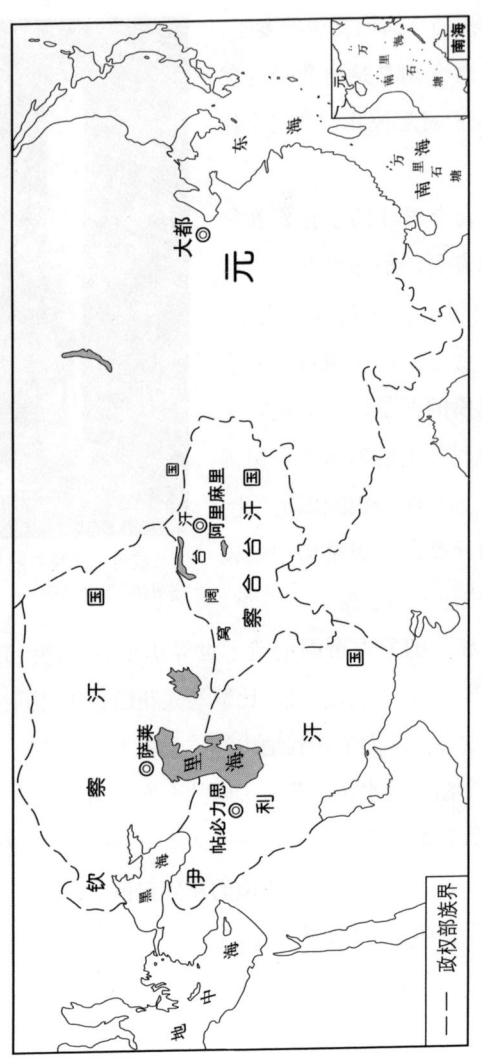

元朝与四大汗国图

忽必烈大帝

忽必烈像

　　大蒙古国在经历四位大汗半个多世纪的统治（1206—1259年）后，终因统治地域过于辽阔，黄金家族内讧不断，彻底走向分裂。在原有蒙古帝国的版图基础上，形成以中国为中心的元朝及位于元朝西北的四大汗国，即察合台汗国、窝阔台汗国、钦察汗国与伊利汗国。其中，元朝的建立者忽必烈，在经长期战争后，于南宋景炎元年、元至元十三年（1276年）占领南宋都城临安，至元十六年（1279年）在崖山最后消灭南宋残余势力，结束了中国自唐末以来数百年的分裂割据局面，再次缔造了中国历史上的大一统。

　　那么，元朝是怎样建立起来的？忽必烈为什么要放弃祖先的游牧传统，建立一个立足农耕地区的中国式王朝呢？对他三十四年漫长的统治生涯，后人又是如何评价的呢？

忽必烈的金莲川幕府。忽必烈是成吉思汗的孙子,他的父亲是成吉思汗最小的儿子拖雷。成吉思汗分配家产时,遵循蒙古幼子守产的古老传统,将大兴安岭到阿尔泰山之间的蒙古本土,以及自己的绝大部分营盘、帐幕、国库、百姓、军队等都留给了拖雷。成吉思汗去世后,虽然窝阔台登上了大汗宝座,可作为"也可那颜"的拖雷却主宰着蒙古的核心地区及部众,这就埋下了拖雷家族日后夺取蒙古大汗宝座的伏笔。

拖雷可以说是黄金家族中的军事奇才,早年随成吉思汗征战各地,立下赫赫战功。窝阔台登基后,兵分三路出击金朝,把其中最为艰险的西路军指挥权交给了拖雷。拖雷指挥的这支偏师,借道南宋,千里奇袭,出现在金朝大后方,让敌人阵脚大乱。南宋绍定五年、金开兴元年(1232年)春,拖雷军以少胜多,在钧州的三峰山全歼金军主力二十余万,为灭亡金朝打赢了关键的一仗,拖雷也因这次战役而名声大噪。

可是,没过多久,拖雷就在凯旋北上的途中神秘地死去。据说,当时大汗窝阔台突然染病,萨满巫师说必须由至亲代为祈祷,并喝下下过符咒的水,才能痊愈。结果,拖雷在祈祷上苍,喝下符水后,很快就死去了。拖雷之死由此也成为一个千古之谜。

拖雷死后,寡妻唆鲁禾帖尼成为拖雷家族实际上的领袖。

唆鲁禾帖尼为拖雷育有四子,分别为蒙哥、忽必烈、旭烈兀、阿里不哥。在她的精心培养下,这四人日后都成为蒙古政坛上的风云人物。

1251年,在成吉思汗诸孙之长、钦察汗国君主拔都的鼎力支持下,蒙哥成功夺取政权,成为蒙古国第四位大汗,蒙古政权从此由窝阔台系转入拖雷系的手中。

蒙哥即位后,忽必烈受命"总理漠南汉地军国庶事",开始登上政治舞台。这一年,忽必烈三十六岁。

位于内蒙古锡林郭勒正蓝旗闪电河畔的金莲川,原名曷里浒东川,每到夏季,草甸上就会开满一望无际的金莲花,灿烂夺目。据说金世宗巡幸这里时,见到遍地都是鲜艳的金莲花,于是以"莲者连也,取其金枝玉叶相连之义",将这里命名为金莲川。

内蒙古锡林郭勒正蓝旗元上都前金莲川草原

蒙哥汗即位后，忽必烈长期驻扎金莲川，建立自己的王邸——开平城，开始经营自己的事业。《元史》说他"思大有为于天下"。在这里，忽必烈不断从各地招揽人才，组成所谓的"金莲川幕府"。幕府成员庞杂，人才荟萃，既有饱读经书的汉族儒士，也有来自其他行业、民族的精英。正是在此期间，忽必烈不断从各种渠道接触到汉文化，一反此前蒙古贵族轻视汉文化的传统，开始有目的地在中原各地进行一些改革尝试。

忽必烈并不是蒙古统治集团进行汉法改革的第一人。实际上，早在蒙古政权与金对峙时期，就曾出现过一位推动蒙古政权进行汉法改革的人物，他就是耶律楚材。

耶律楚材是辽朝皇室后裔。父亲耶律履做过金朝尚书右丞，算是宰执级的高官。蒙古攻陷金中都后，耶律楚材受到成吉思汗接见，成为他的侍从，并参加过蒙古第一次西征。

窝阔台即位后，耶律楚材开始受到重用，领中书省事。当时，蒙古统治集团对如何治理新征服的中原地区感到不知所措，有人甚至建议将居民杀光，把耕地变为牧场。耶律楚材则试图引导蒙古人完成由掠夺者到统治者的角色转换，指出建立行之有效的统治秩序比单纯的掠夺更能为蒙古人带来收益。在窝阔台的支持下，耶律楚材在中原地区开始恢复赋税征收体系，进行了一系列改革。

不过，窝阔台去世前后，耶律楚材遇到擅长理财的色目人的挑战，他的改革事业中辍，其本人也在抑郁中死去。

那么，忽必烈的改革事业又是如何展开的呢？

邢州，也就是今河北邢台，在当时是两个蒙古贵族的领地，他们因横征暴敛，造成当地百姓纷纷逃亡，原来的一万五千户人家最后只剩下六七百户。无奈之下，二人只好找到忽必烈，请求代为管理。结果，忽必烈任命自己的手下脱兀脱、张耕为邢州安抚使，刘肃为商榷使，新政大行，一月之内，户增二万，邢州一跃成为当年地方政绩考核之最。

邢州是忽必烈以汉法治理中原的首次尝试，这次尝试应当说是非常成功的。此后，忽必烈又相继在自己的封地关中设宣抚司，在对南宋作战基地河南设经略司，为日后统治中原汉地积累了宝贵经验。

与此同时，在蒙古政权对外扩张上，忽必烈也开始崭露头角。

忽必烈登基。云南大理城外苍山龙泉峰下，有一条著名的三月街，这里耸立着一块巨大石碑，在苍烟落照中显得异常伟岸，这就是有名的"元世祖平云南碑"。

元世祖平云南碑

中国西南边疆省份云南，自古就是多民族聚居地区，自西汉起就已纳入中国版图。唐代中叶，以乌蛮为主体的南诏政权在当地兴起，统治延续达一个半世纪。后晋天福二年（937年），白蛮贵族段思平始建大理国，到蒙古兴起时，大理政权统治云南已近三个世纪。

蒙哥汗即位后，开始实行对南宋的战略大包抄，试图从西南地区寻找南宋防线的突破口。1252年，他把这一重任交给了弟弟忽必烈。

此次攻伐大理，大军据说有十万之众。临行前，谋臣姚枢特别向忽必烈讲起北宋名将曹彬攻取南唐不枉杀一人的故事。第二天清晨上路，忽必烈在马上兴奋地向姚枢喊道："汝昨夕言曹彬不杀者，吾能为之，吾能为之！"

南征大军走的路线是人迹罕至的大雪山，异常艰险，很多时候只能徒步前进。1253年年底，经长途跋涉，南征大军终于抵达大理城。大理城攻克前，忽必烈曾派三名使者进城招降，但都被杀害。攻克大理后，在侍从姚枢、刘秉忠、张文谦等人的劝说下，忽必烈破天荒地没有采取屠城这一蒙古传统的报复手段，而是命姚枢将携带的布帛割裂为旗，上面书写禁止杀戮的命令，遍插城内大街小巷。忽必烈的怀柔政策，使接下来的军事行动异常顺利，蒙古大军很快平定了云南各地。

蒙古对大理的征服，使南宋陷入腹背受敌的境地，但更具深远意义的是，在分离数百年后，云南地区又被重新统一于中央王朝。元朝建立后，忽必烈建云南行省，以回回政治家赛典赤为平章政事，进一步加强了云南与内地的联系。

忽必烈的威望与日俱增，逐渐引起兄长蒙哥汗的猜忌。

1257年，蒙哥汗派遣亲信大臣阿蓝答儿、刘太平等前往陕西、河南等地进行钩考，审计忽必烈的财政支出状况。忽必烈手下官员，除个别勋贵大臣外，几乎被一网打尽，忽必烈陷入非常艰难的困境。

在姚枢的劝说下，忽必烈决定屈服，亲自北上觐见蒙哥汗，兄弟二人终于冰释前嫌。不过，经此打击，忽必烈在中原地区设立的各个军政机构都被撤销，失去了总领漠南汉地事务的大权。

1259年，蒙哥汗决心彻底解决南宋，忽必烈重获起用，负责指挥东路军，攻打鄂州。当双方正在激战时，从四川传来消息：蒙哥汗在钓鱼城战死。面对这一突如其来的变故，忽必烈在几经犹豫后，决定从鄂州战场抽身。在与南宋权臣贾似道议和后，忽必烈率大军急速北上，开始了对蒙古大汗宝座的角逐。

1260年三月初，在部分蒙古宗王、中原汉地官僚士大夫的拥戴下，忽必烈于开平正式登上蒙古大汗的宝座，并首次采用汉族王朝的年号——中统纪元。

忽必烈的登基，标志着一个新时代的来临。

此前的四位蒙古大汗，政治中心都在以和林为中心的蒙古高原，中原汉地只是蒙古帝国的边疆省份。1260年忽必烈即位后，这种格局开始颠倒过来，中原地区成为蒙古政权统治的核心

内蒙古锡林郭勒盟博物馆忽必烈登基大典景观

地带,这不可避免地使蒙古政权的性质发生改变。也正是这个原因,史学界一般把1260年作为元朝的开始,虽然元朝作为国号正式出现,是十一年之后的事。

忽必烈即位后,在汉族儒臣的帮助下,对蒙古原有的统治制度进行了较为彻底的改革。

在中央,建立起以中书省、枢密院、御史台为核心的汉式官僚机构。其中,中书省是中央最高决策与执行机构,枢密院与御史台分掌军事与监察大权。忽必烈曾形象地把中书省、枢密院比喻为自己的左右手,而把御史台看作辅助矫正左右手的机构。

在地方,逐步确立起行省制度。行省简称省,起先是中书省派出机构,以后逐渐固定为地方行政区划。全盛时期,元朝在全国共设有十一个行省（包括在高丽建立的较为特殊的征东行省）。行省之下，元朝还设有宣慰司、路、府、州、县等各级机构。

诸王之乱。忽必烈的即位，并不是一帆风顺的。几乎就在他即位的同时，弟弟阿里不哥也在哈剌和林附近被拥戴为蒙古大汗。

作为幼子，阿里不哥是拖雷夫妇遗产的合法继承者，掌握着父母留下的大部分蒙古部众与军队。蒙哥出征南宋时，阿里不哥奉命留守和林，牢牢控制了蒙古政权的政治中心。蒙哥死后，阿里不哥得到蒙哥诸子及蒙古汗廷大臣的普遍拥护，以蒙哥合法继承者的面目出现。

相反，忽必烈数年前就曾因与蒙哥发生冲突而赋闲，只是因蒙古对南宋战事吃紧才重获起用。他拒绝奔赴漠北参加选举蒙古大汗的忽里台，在开平另起炉灶，偏离了蒙古本土选举大汗的政治传统，这对维护他正统大汗的形象是非常不利的。

面对阿里不哥的挑战，忽必烈首先争取到另一个弟弟旭烈兀的支持。此时，旭烈兀正主持蒙古第三次西征，前锋已逼近埃及。得知蒙哥去世后，他迅速撤军东归，途中遇到忽必烈的来使，承认他在阿姆河以西的权利。旭烈兀于是留在当地，建立起承认忽必烈宗主地位的伊利汗国。

蒙哥去世后留下的四川蒙古军将领，大多倾向拥护阿里不哥。为了斩断阿里不哥的右臂，忽必烈紧急派遣廉希宪等人赶赴陕西，设计杀死拥护阿里不哥的蒙古将领。驻守六盘山的蒙古军

伊利汗国旭烈兀汗与脱古思哈敦

主帅浑都海被迫西撤,与阿里不哥南下接应的阿蓝答儿军会合。中统元年(1260年)九月,双方在甘州东删丹附近的耀碑谷发生激战,浑都海、阿蓝答儿战死,川陕地区被牢牢控制在忽必烈手中。

漠北地区是双方的主战场。为了打赢这场战争,忽必烈几乎调动了他所有的精锐部队。战争进行得非常残酷,和林不仅得而复失,战火还一度烧到了大漠以南。中统二年(1261年)十一月,昔木土脑儿一战决定了阿里不哥失败的命运。此后,阿里不哥的处境每况愈下。四年后,走投无路的他被迫向忽必烈投降。

阿里不哥汗位之争，并非我们通常所理解的造反或叛乱。中国有句古话，"成者为王败者寇"。阿里不哥归降时，忽必烈曾得意地问过他们之间到底谁对谁错，阿里不哥回答说："从前我对，现在你对。"这也可算作他对那句中国古话所作的蒙古式阐释吧。

忽必烈没有想到的是，阿里不哥的投降，仅仅是噩梦的开始。

海都，蒙古第二代大汗窝阔台的嫡孙，一直在关注忽必烈与阿里不哥的战争。阿里不哥投降后，他继之而起，扯起反对忽必烈的大旗。同阿里不哥相比，海都是一个更难对付的挑战者。他不仅复兴了衰落的窝阔台汗国，成功地控制了察合台汗国，甚至还将西面遥远的钦察汗国也联合到自己的旗帜下。

至元六年（1269年）春天，成吉思汗三子——术赤、察合台、窝阔台三系代表在塔剌思草原举行忽里台大会，成立了共同反对成吉思汗幼子——拖雷系领导下的元朝与伊利汗国的联盟。这次会议成为蒙古帝国最后走向分裂的标志。从此，忽必烈永无安宁之日，越来越多的蒙古宗王站出来向他发起挑战。

至元二十四年（1287年），正当忽必烈为对付海都等西北诸王殚精竭虑的时候，东道诸王首领乃颜，领导成吉思汗三位弟弟的后裔，在东北也发动了声势浩大的叛乱。年逾古稀的忽必烈，不得不亲自统率大军，前往平叛。虽然乃颜很快战败被杀，叛乱逐渐平息，但以海都为首的西北诸王之乱，直到忽必烈去世也没有得到解决。

蒙古黄金家族成员向忽必烈发起的挑战,并非仅仅是在争夺蒙古大汗的宝座,双方在意识形态上也存在着严重分歧。塔剌思大会后,西北诸王曾派使臣入朝质问忽必烈:"本朝旧俗与汉法异,今留汉地,建都邑城郭,仪文制度,尊用汉法,何故?"这些蒙古宗王认为他们才是成吉思汗《大札撒》的恪守者,而忽必烈则是一个不折不扣的背离者。

李璮之乱。在与蒙古宗王的征战过程中,中原地区的社会稳定与人力、财力支持都是至关重要的。可就在中统三年(1262年)初,当忽必烈与阿里不哥大战方酣时,中原地区也发生了针对忽必烈的武装叛乱——李璮之乱。

蒙古进入中原后,因兵员不足,常常驱使汉人武装为其效力,因此在中原地区逐渐涌现出不少半独立的地方军阀,其中比较强大的有真定史氏、保定张氏、东平严氏、益都李氏、济南张氏等。这些地方实力派,往往子承父爵、兄终弟及,拥有强大的军事实力,在当时被称为世侯。其中,山东益都李氏集团,脱胎于金末活跃于此地的红袄军,创始人为李全,李璮是这一集团的第三代领导者。

李璮与蒙古政权的关系,应当说是非常亲密的。他的岳父兼重要谋士王文统，是忽必烈中枢机构——中书省的平章政事，奠定了元初立国的规模。另有两位妻子来自黄金家族，是东道诸王首领塔察儿的妹妹。因辖区靠近南宋，李璮多次以抵抗南宋为由，拒绝服从蒙古的军事征调。当北方战事激烈进行时，李璮趁机发动叛乱，并很快占领了济南。

不过，李璮对形势的估计完全错了。他原先设想的各路诸侯群起响应的局面没有出现，南宋援军也没有及时赶来。相反，忽必烈却及时组织了庞大的讨逆军，将他死死围困在济南城内。

孤立无援的李璮，在最后一次企图突围失败后，自沉于大明湖。不过，他并没有淹死，而是被元军打捞上岸，凌迟处死。

李璮叛乱虽然很快被平定，但对忽必烈的震动却很大。以真定史天泽为首的汉人世侯为摆脱干系，纷纷请求解除兵权。忽必烈趁机下令废罢各地世侯，实行地方官三年一任的迁转法。多年来危害中央集权的地方割据势力终于被铲除了。

李璮之乱，使忽必烈对长期倚重的汉人产生严重的猜忌心理，深受信任的平章政事王文统被捕，与儿子一同被处死，与王文统有关的汉人官僚，忠诚度都受到怀疑。相反，回回势力则开始抬头，他们对忽必烈说："回回人虽然贪财，但不像汉人那样敢于谋反。"忽必烈的注意力开始转向色目人，对汉人则采取既使用又防范的政策。这种政策最后发展为有名的蒙古、色目、汉人、南人四等人制度。

南宋灭亡，元统一中国。忽必烈在应付各种内患的同时，并没有忘记实现前几代大汗灭亡南宋的夙愿。只不过，在内乱未平息前他尚需等待时机。

南宋景定元年、元中统元年（1260年）四月，忽必烈派出以郝经为首的使团，出使南宋。这次出使，既是为了通知南宋朝廷，自己登上蒙古大汗宝座，同时也是为了让南宋兑现之前在鄂州的承诺。可惜的是，郝经一行在扬州被南宋权相贾似道无故扣押，而且一待就是十几年，成为元人心目中的"苏武"。郝经被扣，成为日后忽必烈南下伐宋的一个重要口实。

至元八年（1271年），在汉族儒臣的建议下，忽必烈取《周易》"大哉乾元"之意，正式宣布建国号为"大元"。

实际上，就蒙古人而言，大元国号的产生，并无特别的意味。所谓大元，就是大蒙古国（Yeke Mongghol Ulus）的汉式表达。早在蒙古国时期，就已出现了"大朝"的称谓。元本身也是大的意思，"元也者，大也。大不足以尽之而谓之元者，大之至也"。与此同时，忽必烈的第二个年号"至元"，取的也是相同意思。此后，蒙古语官方文书在书写国号时，常常将二者叠加，出现了"大元大蒙古国"的称谓。

南宋景定二年、元中统二年（1261年），南宋将领刘整投降后，提出了中间突破、先取襄樊的伐宋方案，最终被忽必烈采纳。南宋咸淳三年、元至元四年（1267年），随着元军突入襄樊西部的安阳滩，长达六年的襄樊战役拉开了序幕。

襄樊即襄阳与樊城，是夹汉水而建的两座城池，历来是兵家必争之地，南宋在此苦心经营十余年，建立了非常坚固的防线。

为了能攻克襄樊，元军采取加筑城堡、训练水军等手段，逐渐扫清襄樊的外围据点。在元军的步步紧逼下，襄樊对外联络全部被切断。南宋从各地紧急调动了大量军队前来解围，但都不见成效。到南宋咸淳八年、元至元九年（1272年）年底，元军攻克樊城，第二年三月，困守襄阳的南宋守将吕文焕投降。襄樊战役至此结束。

襄樊战役的胜利，使元军在南宋正面防线中间成功打入一个楔子，南宋的败局至此已无法挽回。

南宋咸淳十年、元至元十一年（1274年），忽必烈任命伯颜为统帅，开始了灭亡南宋的最后战争。在降将吕文焕等的引导下，南宋沿江守将纷纷投降，元军势如破竹，很快打到临安城下。南宋景炎元年、元至元十三年（1276年），南宋宣布投降。三年后，南宋的残余势力在崖山全军覆没。

至此，元朝再次缔造了中国的大一统，一个强大的统一帝国再次在神州大地出现。

不过，如此巨大的历史意义，恐怕是忽必烈本人也想象不到的。为了应对那些对他地位合法性的质疑，他必须以祖父成吉思汗为榜样，为黄金家族继续开疆拓土，掠夺财富。

两次征日失败。南宋灭亡标志着中国大一统局面的重现,同时又成为忽必烈新的征程的开始。日本、安南、占城、缅国、爪哇,一个个被列为他的征服目标。

可惜的是,幸运之神不再眷顾忽必烈,他的好运就此发生逆转,上述征服行动一而再再而三地失利,而尤其使他难以释怀的是至元十八年(1281年)征日的惨败。

蒙古兴起时,日本正处于镰仓幕府的统治之下。

忽必烈即位,顺利解决高丽问题后,即将目光投向日本。

从至元三年至十年(1266—1273年),忽必烈先后五次派出使臣赴日招抚,希望不战而屈人之兵,可均不得要领而回,于是引发了至元十一年(1274年)的第一次征日。此次讨伐,大军虽于今九州福冈附近博多湾等处登陆,但因遭遇台风袭击,战船大部被毁,最后无功而返。

第一次征日并未使忽必烈灰心,此时他正密切关注南宋战事,于是继续派使臣前往日本招抚。这次幕府终于有了明确答复——将来使全部斩首。当消息传到大都时,忽必烈终于被激怒了,一个专门对付日本的机构——征东行省建立起来了。

至元十八年五六月间,两支庞大的远征军驶向日本:一支从合浦(今韩国马山)出发,由第一次征日主将忻都率领,共四万人,战船九百艘;一支从庆元(今浙江宁波)出发,由南宋降将范文虎等率领,共十万人,战船三千五百艘。可到八月初,台风再显神威,彻底摧毁了元军战舰。十四万大军生还者不足五分之一。前近代世界历史上规模最大的海上远征就这样失败了。

这是忽必烈一生从未遭受的惨败,使其颜面尽失,成为他心中永远的痛。此后,忽必烈虽然又先后三次重组征东行省,但终其一生,再也不能派出一船一卒,因为庞大的征需已使百姓不堪重负,国家财政岌岌可危。

日本则因两次抗元均借助了台风之力,炮制出所谓"神风"之说,太平洋战争后期出现的"神风突击队"即源于此。

中国社会科学院历史研究所研究员 刘晓

元朝第二次征日失败,原因很多。就日本而言,有了第一次战争经验后,幕府早已在九州沿海构筑了坚固的工事,各地精锐武士云集于此,以逸待劳,严阵以待。相比之下,元朝则显得准备不足,比如,当元军请求忽必烈为远征军配备足够的战马、火器时,忽必烈竟以海战不需此类装备为由予以回绝。对征日统帅,忽必烈也未慎重考虑,以致将领之间战前矛盾重重,无法协调统一指挥,在鹰岛迟滞达一月之久,失去了最佳战机。更为致命的是,因军事征调期限很严,远征军不少战舰系没有龙骨、只适合内河航行的平底船改建而成,日本九州海下考古发现已充分证实了这一点。以这样的战舰越海奔袭日本,会留下巨大隐患,在台风来袭时不堪一击。所以说,所谓的"神风"之威,实际上很大程度是由元朝自身原因造成的。

忽必烈大帝

"中统元宝交钞"纸币　　　　"至元通行宝钞"纸币

重用理财大臣，发行纸钞。连绵不断的战争，加剧了国内的阶级矛盾与民族矛盾，也使元朝财政陷入严重危机。儒臣民为国本、顾惜民力的说教，显然无法让忽必烈回心转意。为了摆脱财政困境，忽必烈的目光开始转向善于聚敛财富的色目理财大臣。其实，早在李璮之乱、汉人的忠诚度受到怀疑后，忽必烈重用色目人的倾向就已经开始出现了。

忽必烈重用的第一个理财大臣为阿合马。

阿合马是中亚费纳客忒人，后被蒙古西征军掳掠到蒙古，成为察必皇后陪嫁过来的家奴。忽必烈即位后，阿合马因掌管钱谷有方，开始崭露头角。至元元年（1264年）成为平章政事，至元十九年（1282年）成为左丞相，主持帝国财政达二十年，权倾朝野。忽必烈非常欣赏他，认为"回回人中，阿合马才任宰相"。当时在中国旅居的意大利旅行家马可·波罗也久闻阿合马大名，对他有详细记述："在所有人中，他是大可汗所最喜悦，最有权力和威势的人。"

阿合马的横征暴敛与专横跋扈，遭到汉族儒臣的强烈抵制，也引起不少蒙古权贵的嫉视，矛盾终于爆发了。

至元十九年三月十八日中午，有人带来通知，命阿合马率大都留守官员前往东宫迎候太子。阿合马不敢怠慢，急忙率全体官员前往东宫南门外迎候。此时，忽见一队人马赶来，有一个似太子模样的人在马上指挥。阿合马随即被召到跟前说话，突然有一人出来用铜锤打碎了阿合马的脑袋。紧接着，在众目睽睽之下，中书左丞郝祯被杀，右丞张惠被抓。

这就是震惊朝野的阿合马被刺事件。除了汉文史料外，《马可·波罗游记》、拉施特《史集》对事变经过都有详细记载。

正在上都的忽必烈得知阿合马被杀，极为震怒，主谋王著、高和尚等被剁为肉酱。不过，当时许多人对王著的行为拍手称快。官员王恽撰写了《义侠行》，称王著"义烈"。忽必烈也很快省悟阿合马的所作所为，下令清洗阿合马的亲属余党，把阿合马剖棺戮尸，纵放恶犬啃食阿合马的尸体。

阿合马死后，忽必烈起用的第二个理财大臣为卢世荣，这主要得力于吐蕃人桑哥的推荐。

《元世祖出猎图》(局部)

桑哥早年师从国师胆巴，会好几种语言，在忽必烈身边担任通事多年，深受信任，曾受命率领大军入藏平叛，显示出非凡才干。当管理全国佛教与吐蕃地区事务的总制院成立时，桑哥又被任命为首任院使。

至元二十一年（1284年）年底，卢世荣正式被任命为中书右丞，不幸的是，当政仅半年，卢世荣就重蹈阿合马覆辙。两年后，桑哥终于走上前台，开始新一轮的财政改革，其中最有影响的两件事是更定钞法与钩考钱谷。

元朝建立后，行用的是中统宝钞。至元二十四年（1287年）三月正式颁行至元宝钞，从二贯到五文共十一等，与中统钞通行，二者兑换比率为一比五。新钞的发行，使财政状况有所稳定。

钩考钱谷就是审计官府历年所欠钱粮。大权在握的桑哥为此不惜动用酷刑，引起统治集团内部许多人的不满。至元二十八年（1291年），在各种势力的围攻下，桑哥遭罢免，并很快被处决。至此，又一个理财大臣被忽必烈抛弃。

在与理财大臣的政争中，太子真金始终是反对派的有力支持者。真金的名字，是忽必烈早年倚重的高僧海云为他取的，寓意是"真金不怕火炼"。

察必皇后共为忽必烈生下四个儿子。因长子早死，次子真金在至元十年（1273年）被立为皇太子，逐渐形成以他为核心的东宫集团。这是蒙古统治者首次引进汉族王朝的太子制度，目的显然是为了防止黄金家族重蹈覆辙，再次陷入争夺皇位的内战。

阿合马、卢世荣等理财大臣倒台后，真金的生命也即将走到尽头。至元二十二年（1285年），有位来自南方的监察御史上书，指出忽必烈年事已高，应该让位给太子。史书没有留下这位官员的姓名，但他显然捅了天大的娄子。御史台官员紧急磋商，想将此事捂住。可不幸的是，最终还是让忽必烈知道了。深陷黄金家族内争的忽必烈，没想到自己的儿子也会牵连其中，暴怒不已。虽然事情很快就水落石出，可在恐惧中煎熬的真金已经死去。

真金的去世，对汉族儒臣集团是一个沉重打击。设想一下，如果真金能在忽必烈百年之后顺利继位，元朝的统治政策又会走向何处呢？可惜，历史无法假设，更无法走回头路。

察必皇后

忽必烈去世。为应付财政改革与黄金家族挑战而殚精竭虑的忽必烈，不知不觉中已步入暮年。

年逾古稀的忽必烈，身体越来越肥胖，足疾也越来越严重。在他身上，当年跃马扬鞭、充满活力的身影已不再现。朝廷大臣现在已越来越难见到他。忽必烈平时深居简出，主要通过亡妻的妹妹南必皇后向外发号施令。察必皇后为他生下的四个儿子都已先他而去,忽必烈似乎又回归了蒙古传统,索性不再立太子,让古老的忽里台去决定一切。

至元三十一年(1294年)正月二十二日夜,一代大帝忽必烈在大都紫檀殿寿终正寝,享年八十岁。两天后,在百官的簇拥下,他的灵柩由健德门北上,最后与成吉思汗等蒙古历代大汗一样,安葬于漠北神秘的起辇谷。

马克思指出:"野蛮的征服者,按照一条永恒的历史规律,本身被他们所征服的臣民的较高文明所征服。"

蒙古帝国分裂后,蒙古人建立的西北诸汗国:钦察汗国、察合台汗国、伊利汗国,相继走向伊斯兰化的道路。忽必烈开创的元王朝,也偏离游牧帝国的发展轨道,向中原汉族王朝靠拢。正如法国蒙古史学家勒内·格鲁塞所指出的那样:"事实上,尽管忽必烈汗——成吉思汗的孙子——征服了中国,但他本人首先就已经被华夏文明所征服。"

不过,同北魏孝文帝激进的汉化改革不同,虽然汉族儒臣一直致力于把忽必烈塑造成传统的中国皇帝,可忽必烈的统治政策充满了折中主义色彩,在有条件地吸收汉文明的同时,又顽强地保持了游牧民族的多数传统,即所谓的"内北国而外中国,内北人而外南人"。其结果是,激进的汉人认定他的汉化程度远远不够,保守的蒙古人却认为他已走得太远。忽必烈的继承者们基本延续了他的这种摇摆政策。

明朝建立后,朱元璋建立历代帝王庙,把忽必烈与他亲自选定的汉高祖、光武帝、唐太宗、宋太祖,放在一起祭祀。虽然他很讨厌胡人,可也把忽必烈看作是中国历史上的杰出君主之一。

两都巡幸

蒙古大帐

1206年成吉思汗建大蒙古国后，在怯绿连、斡难、土兀剌三河之源建立起自己的统治中心——四大斡耳朵，这时候，蒙古帝国还没有正式意义上的都城。直到第二代大汗窝阔台即位后，1235年始在蒙古高原鄂尔浑河畔兴建哈剌和林城，作为帝国的首都，此后历经贵由、蒙哥两位大汗，相沿不改。

元世祖忽必烈即位后，蒙古政权的统治中心南移，以大都、上都为核心的两都巡幸体制开始确立。上都和大都，两座城市曾经息息相关，紧密相连。从13世纪开始，元朝靠着这两座城市构建起了它基本的政治制度。元朝的每一位皇帝都要在这两座城市之间来回巡幸：春天，从大都北巡上都；秋天，从上都返回大都。如此往复，年年如此。大都和上都，两座都城构成了元帝国两大神经中枢。

忽必烈营建上都。上都位于今天内蒙古正蓝旗的闪电河附近。1251年,忽必烈的哥哥蒙哥即位后,任命忽必烈总领漠南汉地事务。忽必烈来到漠南后,将牙帐驻扎在桓州、抚州之间的金莲川,建立了历史上有名的"金莲川幕府"。

此时的漠南草原,因蒙、金战争,原有州城大都遭到破坏。为安顿幕府人员,忽必烈于1254年先行重建抚州城,1256年,命谋士刘秉忠在附近选择合适的地点建立新城,刘秉忠选中桓州之东、滦水北岸地势平坦的龙冈作为新城基址。

刘秉忠是忽必烈早年最重要的谋士。他早年在家乡邢州担任吏员,后出家为道、为僧,博学多才,于易经、天文、地理、律历、奇门遁甲之术,无不通晓。后被高僧海云推荐给忽必烈,受到重用,为元代立国规模的奠定,做出了巨大贡献。其中上都、大都城的规划,都出自其手,可称得上是元代都城建设的总设计师。

1256年新城破土动工时,忽必烈举行了盛大的仪式,命道士王一清连续做法事五昼夜,并命王一清与王府官员李宗杰前往各地,将金龙玉册投于岳渎等名山大川,今天我们在河南济源的济渎庙仍可见到当时保留下来的碑记。

新城的建设总共花费了三年时间,到1259年才最后完工。这座屹立在草原上的新城,被命名为开平。元朝建立后,确立两都之制，开平府在中统四年（1263年）正式被命名为上都。

近数十年，随着考古发掘的不断深入，我们对上都城有了更为深入的了解。

最核心的宫城，位于皇城中部偏北位置，略呈长方形。东西宽约五百七十米，南北长六百二十米。城墙高约五米，下宽十米，上宽二点五米。东、南、西正中各设城门一座，其中南面的御天门最为重要，是元朝皇帝发布诏令的场所。直到19世纪末，御天门仍保存比较完好，俄罗斯探险家波兹德涅耶夫（А.М.Позднеев）与日本东亚考古学会组成的探险队都曾拍下较为清晰的照片。现在只剩下门洞两侧的巨大台基，还能让人推想御天门当时雄伟壮丽的景象。

上都城由宫城、皇城、外城组成。

宫城内宫殿建筑很多，见于记载的有洪禧殿、水晶殿、隆德殿、玉德殿、崇寿殿、香殿、大安阁、万安阁、穆清阁、仁寿阁、宣文阁、睿思阁等，其中最重要的建筑为大安阁。

大安阁的建筑材料取自宋代汴京的熙春阁。开平城竣工后，至元三年（1266年），忽必烈下令将熙春阁整体拆迁，运往开平，建造大安阁。大安阁的格局，几乎完全仿照熙春阁，只是略有损

内蒙古锡林郭勒盟正蓝旗元上都皇城东墙遗址

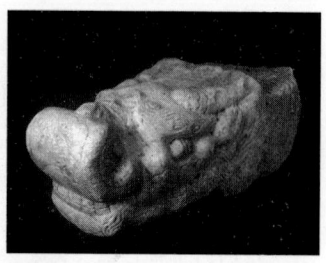
汉白玉螭首，内蒙古锡林郭勒盟正蓝旗元上都遗址出土。

益。元代著名宫廷画家王振鹏曾有写实画作《大安阁图》，但很可惜的是，此画已经失传。

大安阁作为上都宫殿群的最重要部分，宏伟壮丽，元代皇家重要典礼，如元成宗、武宗、文宗、顺帝的即位典礼与忽里台，都在此举行。南宋灭亡后，小皇帝被送到上都，忽必烈也是在大安阁举行的受降仪式。

宫城外为皇城，在整个城市的东南角，大体呈正方形，边长约一千四百米。墙身残高约六米，下宽十二米，上宽二点五米，其中东墙、南墙与外城东、南一部分城墙重叠，这与汉族都城呈同心圆的建筑风格略有不同。皇城六座城门，南北各一座，东西各两座。东南城墙城门与外城完全重叠。

外城大体上也呈正方形，边长约两千二百米，现存城墙遗址高约五米，下宽十米，上宽二米。除与皇城重叠的城门外，外城城门另有四座，其中北墙二门，西墙与南墙各一门。

为适合蒙古族游牧的特点，元朝还在上都城外建立了昔剌斡耳朵等建筑。

昔剌斡耳朵（Sira Ordo）是蒙古语黄色宫帐之意。早在窝阔台时期，就曾在驻夏地建立过可容纳千人的昔剌斡耳朵，这种帐殿的外形是游牧民族常见的帐幕样式，但是固定的。因上面覆盖毡子等织物，在元代又被称为棕毛殿或棕殿。

元朝建立后，忽必烈沿袭蒙古旧制，在上都城外也建立了昔剌斡耳朵。此外，上都城外还有庞大的蒙古式建筑群——伯亦斡耳朵，有龙光殿、慈仁殿、慈德殿等建筑。元朝皇帝在上都巡幸期间，常常在这些斡耳朵举行诈马宴、接待外国使臣等。

汉白玉石人，内蒙古锡林郭勒盟东乌旗草原出土。

20世纪90年代初,上都遗迹附近的羊群庙乡奎树沟村北又发现元代墓葬遗址,出土了三座大型汉白玉石雕人坐像,引起了学界的极大关注。现在一般认为,这三座雕像,与至顺二年(1331年)文宗时代权臣燕铁木儿祭祖活动有关。

元上都的建筑布局既体现了汉族传统的城市布局观念,也考虑到蒙古族游牧生活的特点,是一座富有特色的草原城市。

兴建元大都。今天的北京,是一座历史悠久的城市,建城历史可追溯到三千多年前的燕国古都蓟。

契丹族建立辽朝后,向南渗透。936年,包括今天北京在内的燕云十六州之地,被石敬瑭割让给辽朝。辽朝于此建南京(幽都府,后改称析津府),成为辽五京之一。

女真族建立的金朝兴起后,于金贞元元年(1153年)正式迁都今天的北京,定名为中都大兴府。

蒙古兴起后,金朝被迫南迁,蒙古军队于1215年占领中都,恢复旧称——燕京。此时的燕京,经战火摧残,已残破不堪。蒙古在此建立燕京行省等机构,成为当时蒙古统治华北地区的中心。直到半个世纪后,随着蒙古帝国形势发生巨变,燕京的地位才发生根本转变。

1259年蒙古第四代大汗蒙哥去世后,1260年三月,忽必烈于开平即位，随即与留驻漠北的弟弟阿里不哥之间爆发了长达四年的汗位争夺战。燕京在这场战役中，发挥了军事基地的作用，许多物资、军队都在这里集中，然后运往北方。

由于蒙古旧都哈剌和林被阿里不哥占据，忽必烈政权的统治中心已经南移，不少人向忽必烈建议，选择燕京作为新的都城。至元元年（1264年）八月，燕京正式恢复旧称——中都，而在前一年，忽必烈的王府开平已被命名为上都，至此，两都巡幸制的雏形开始出现。

有鉴于燕京城屡经战火、残破不堪，忽必烈决定在城外选址，营造一座新城。

实际上，早在忽必烈即位初，他就经常驻跸于燕京城外东北郊原金朝残存的几处离宫。至元元年，忽必烈下令翻修琼华岛上包括广寒殿在内的前金离宫建筑。第二年十二月，他还命工匠制造了用来盛酒的渎山大玉海，安置在广寒殿内。此后，附近各处宫殿楼阁陆续开始兴建。

渎山大玉海由整块玉石雕琢而成，体形庞大，可盛酒三十余石。元朝灭亡后，渎山大玉海历经沧桑，后来被京城某处道观用来作腌菜的坛子，直到清朝乾隆年间重新发现后，才被移置于北海团城承光殿前亭子内，成为元朝建设大都城的历史见证。

同上都一样,大都城的总设计师也是刘秉忠。

刘秉忠选定至元四年(1267年)正月丁未为黄道吉日,新城建设在这一天正式破土动工。至元九年(1272年),元朝将新城命名为大都,至此,两都制由原来的中都、上都改为大都、上都。至元十三年(1276年),大都城建设基本完工。原来的中都旧城,虽在大都城外,也成为大都的组成部分,被称为旧城或南城。

至元二十年(1283年),城内基本设施修造完备后,元朝正式开始了旧城政府机构、税务机关与商铺等搬迁工作。至元二十一年(1284年),元朝建立管理大都城的机构——大都路总管府与留守司。至元二十二年(1285年),旧城居民也开始大规模搬迁进城。大都城的建设,历经十多年,至此基本告一段落。

三头六臂两足——元大都的城市布局。 由于大都城被完全现代的都市——北京城所覆盖,除北城一段土墙即今天所谓的"土城"被开辟为元大都遗址公园外,我们已很难寻觅大都城的踪迹。

龙纹石栏板,北京元大都遗址出土。

卧狮石雕像,北京元大都遗址出土。

大都的考古调查工作，主要是20世纪六七十年代配合北京城市改造进行的。当时，中国科学院考古研究所与北京市文物管理处先后勘查了大都的城郭、街道和河湖水系等遗迹，发掘了十余处不同类型的建筑基址。

大都北面城墙和东西两面城墙的北段，虽在明清被废弃，但地面上仍存有遗迹；东西两面城墙的南段，与明清北京城的东西墙一致；南面城墙的位置，在东西长安街的南侧。南墙在靠近庆寿寺双塔（即海云、可庵二师塔）的地点，稍向外弯曲，以便绕开双塔。

经实地勘测，大都全城呈南北略长的长方形，周长约两万八千六百米。城墙全部用夯土筑成，基部宽达二十四米，基宽、高、顶的比例为3:2:1。

意大利著名旅行家马可·波罗在他的游记里描述大都城墙说："墙根厚十步，然愈高愈削，墙头仅厚三步。"这与现在实测的比例很接近。

大都外城共有十一座城门，其中东西南三面均为三门，北面只有两门，这与中国传统建筑讲究对称的布局很不相同。据元人长谷真逸《农田余话》记载，这应当是刘秉忠附会中国神话人物哪吒三头六臂的结果，也就是说，南面三门象征三头，东西六门象征六臂，北面二门象征二足。

1969年夏，北京城区在拆除西直门箭楼时，发现和义门瓮城城门遗址，根据门洞内的题记，表明它是在1358年加筑的。值得注意的是，这座城门的构筑采用了当时的新技术，如改"过梁式"木构门洞为砖券门洞，添设灭火设备以弥补木质城门的缺陷等。

北京元大都和义门遗址

大都皇城位于全城南部的中央地区，东墙在今南北河沿的西侧，西墙在今西皇城根，北墙在今地安门南，南墙在今东、西华门大街以南。

宫城偏居皇城东部，它的南门（崇天门）约在今故宫太和殿的位置，北门（厚载门）在今景山公园少年宫前，其夯土基址已经被发现。东、西两垣约在今故宫的东、西两垣附近。

宫城的主要建筑分成南北两大部分，南面以大明殿为主体，北面以延春阁为主体，其中又以大明殿地位最为重要。元朝政府一切重大仪式，如皇帝即位、元旦朝贺、万寿节祝寿等，几乎都在此举行。大明殿后面的延春阁，比大明殿还要高，元朝统治者经常在这里举行佛教与道教的法事活动，也在这里举行宴会。

宫城西面是以万岁山（又称万寿山，今北海琼岛）和太液池（今北海与中海）为中心的西苑。太液池的西面，另有两组规模较大的宫殿建筑，靠南为隆福宫，靠北为兴圣宫。

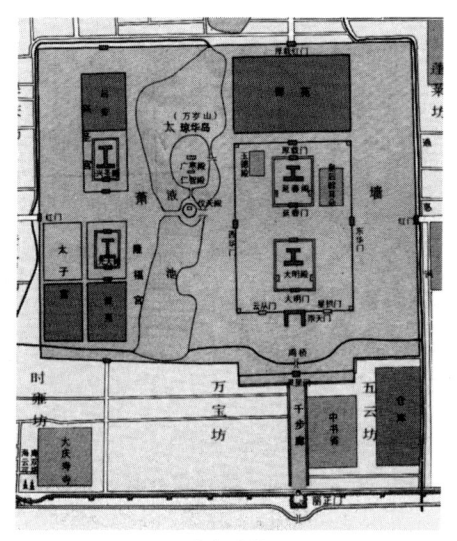

大都皇城

大都全城的中轴线，与明清北京城一致，经过探钻，在景山以北发现一段南北向的道路遗迹，宽达二十八米，应当是大都中轴线上大道的一部分。值得注意的是，当时大都的钟鼓楼并不在中轴线上，而是位于中轴线偏西，即今天的旧鼓楼大街。这与后来明清的北京城不同。

大都的街道布局，非常整齐。勘查结果表明，在南北向主干大道东西两侧，等距离平列着许多东西向的胡同。大街宽约二十五米左右，胡同宽约六七米。今天北京内城的许多街道和胡同，仍可反映出元大都街道布局的旧迹。

今天北京城区常见的胡同一词,来自蒙古语 huddug,原意为井。从元代出现这个词后,明清两代北京城的街道多以胡同命名。

各具特色的宗教建筑。大都城内的建筑,经明清两代沧桑巨变,保存下来的已不多,其中多为宗教遗存。

元朝统治者对各种宗教采取兼容并蓄政策,大都兴建了不少宗教建筑。

万松行秀为北方禅宗领袖,也是大蒙古国时代政治家耶律楚材的老师,他的灵塔至今仍矗立在北京城内的砖塔胡同,砖塔胡同的名字,即由此而来。另一位禅宗领袖海云印简及其弟子可庵智朗的灵塔所在地——庆寿寺双塔,因位于后来的长安街上,在城区改造时被拆除。

元代大都敕建寺院众多,多为藏传佛教风格。今天北京著名的白塔寺,在元代名大圣寿万安寺,寺中的白塔,为忽必烈在位时由尼泊尔著名工匠阿尼哥设计建造。白塔寺作为俗称,当时已经出现。类似敕建寺院的俗称,还有青塔寺、黑塔寺等,今已不存。

大都道教宫观也很多,今天北京的白云观,是元代全真道总部大长春宫的一部分。除全真道外,北方的大道、太一道,南方的正一道及其支派玄教,在大都都设有道观。东岳庙的张留孙碑，由著名文学家赵孟頫撰文，详细记载了玄教教主张留孙的生平。

除佛教、道教外，基督教、伊斯兰教在大都也非常盛行。

今天的房山，发现有至正二十五年（1365年）的景教十字寺碑。景教为基督教的一支，在元代称为也里可温教。牛街礼拜寺保留的阿拉伯文石刻，记载了艾哈迈德·布尔塔尼与阿里·依玛顿丁二人元初来大都传教的事迹，二人分别于至元十七年（1280年）与至元二十年（1283年）去世。

完善的城市供水系统。宽阔的街道、交错的胡同，为人们提供了前所未有的便捷交通，交易变得异常便利。大都常年居住人口四五十万，来自天南海北说着各种方言的商贾、雇佣军人、旅行者、外交使节、传教士、匠人云集于此，波斯、阿拉伯和高丽的商人们把马匹、人参、麻布等贩运到大都，再把各种日用品、纺织品和书籍贩运回去，元大都成为中世纪的一座国际大都会。然而，这一切的正常运转都源于元大都一项重要的规划设计，那就是水系。

元朝的水利建设在中国历史上可圈可点。大都的城市供水系统主要有两条：一条是由高梁河、海子（又称积水潭）、通惠河构成的漕运系统；一条是由金水河、太液池构成的宫苑用水系统。

在制订元朝历法——《授时历》方面做出过突出贡献的科学家郭守敬，在大都漕运建设方面，也发挥了重要作用。

内蒙古锡林郭勒盟博物馆内的元代天文台景观

至元二十八年（1291年），在实际探测的基础上，郭守敬向忽必烈提出了引昌平白浮泉水入城连接通州运河的建议，得到忽必烈的批准。第二年秋天，工程正式启动，一年后全部完工，整个通惠河水系全长一百六十四里又一百四十步，解决了沿运河北上物资由通州运抵大都的难题。自此，大都城内的积水潭出现了"舳舻蔽水"的繁荣景象。考古勘查结果表明，积水潭稍大于今天的太平湖、什刹前后海的范围，在皇城东北角处的通惠河宽为二十七米左右。

北京市社会科学院历史研究所研究员 王岗

元大都的用水实际上分为两类。一类是饮用水，主要还是井水。再有一类就是生活用水，包括做饭、洗衣服这些用水，主要还是依靠高梁河水系。当时的皇城另外有一条水系叫金水河水系，是用的玉泉山的水。

大都城里的用水，以及通惠河的漕运，从通州往大都城运送各种物资，都是走的高梁河水系。当时大都城里最著名的水系码头就是积水潭,当时漕运码头上从江南过来的船,可以到通州,然后通过运河一直运送到积水潭的水域来。

转瞬即逝的中都行宫。大都、上都两都制确立以后,大德十一年(1307年),新即位的武宗海山又在两都之间的要道旺忽察都(今河北张北北)建立行宫。第二年,行宫落成,正式设中都留守司。元朝由此出现了三个都城。

武宗在位四年时间,曾倾注大量人力、物力建造中都城。近年的考古发掘,使中都城的面貌逐渐清晰起来。同大都、上都相比,中都的规模要小于前者,大于后者。整个城市同样分外城、皇城与宫城三部分,但与大都、上都不同的是,中都最核心的宫城位于整个城市的正中央,符合都城建设的传统布局。

至大四年(1311年)正月,武宗去世,其弟仁宗爱育黎拔力八达即位,很快停罢了中都城建设。中都建制,实际上仅存在了两年零十个月,成为元代都城史上转瞬即逝的插曲。

元代两都制确立之后,武宗为什么又要另建都城呢?因史书语焉不详,学界对此众说纷纭。这很可能与当时的政治背景有关。武宗与仁宗本是亲兄弟,在大德十一年三月的大都宫廷政变中,仁宗首先夺权,但慑于在漠北统兵的武宗的压力,被迫与武宗达成了"兄终弟及,叔侄相传"的协议。因当时仁宗在大都的势力已经很稳固，为了避免冲突，武宗很有可能另辟蹊径，选择一处没有弟弟势力影响的新址作为自己的都城。

两都巡幸——南控中原，北连朔漠。两都制确立后，两都之间的交通路线也很快建立起来，大体可分为驿道、东道与西道三条线路。

驿道是一般元人走的路线，从大都健德门出发，途经昌平等约十一处驿站，抵达上都。这条路线也是大都至岭北和林的"兀鲁思两道"（帖里干道与木怜道）的南段。元朝派往漠北地区的使臣、官员、军队以及物资调配，都要通过这条驿道运输北上。

银腰牌

五体文夜巡牌

东道又有两条线路,一条是出黑谷上行的辇路,沿途设有十八处捺钵,是专供元朝皇帝巡幸上都的路线,其中南北两端与驿道重叠;另一条是出古北口的御史按行路线,主要供监察御史与军队北上使用。

西道主要是供元朝皇帝自上都返回的路线,沿途设有二十四处捺钵。

元朝皇帝每年由东道辇路北上上都,再由西道返回大都,往返时间虽不十分固定,但基本上是秋冬季节在大都,春夏季节在上都。

元朝皇帝每次出行时,除后妃、太子、蒙古诸王及皇帝的禁卫军——怯薛与侍卫亲军外,中央各机构的主要官员,乃至备顾问的宗教首领、儒臣文士等,都要扈从,从而组成一支庞大的队伍,阵容蔚为壮观。有的记载说,皇帝进入上都,"都城添大小衙门、官人、娘子以至于随从、诸色人等,数十万众"。这虽是夸大之词,但从中也可看出皇帝扈从人数之多,已难以统计。

元朝皇帝出巡后,大都虽然也留下亲王与官员留守,但重要政务往往要呈报皇帝批准,于是,一年中,元朝的决策集团实际上是在流动的,或者在大都,或者在上都,或者在往返二者之间的路途上。

元代两都巡幸体制，实际上是游牧民族王朝政治制度的一种体现。这种制度并非元朝所独创，辽朝的五京制与四时捺钵制度，在元朝政治文化中都可见到它们的影子。

由于元朝皇帝一年定期往返于两都之间，元朝许多重大政治事件，实际上不是发生在京城，而是发生在两都之间的路途上。

至治三年（1323年）八月初四，英宗在结束当年的上都巡幸后，开始启程南返大都。当天夜晚，扈从队伍刚刚抵达西道的第一站南坡扎营，即发生了震惊全国的"南坡之变"。以御史大夫铁失和英宗的两位怯薛长失秃儿、也先帖木儿为首的贵族官僚，发动军事政变，杀死英宗皇帝及其最亲信的大臣——中书右丞相拜住。

六年后，天历二年（1329年）八月初一，新即位的明宗踌躇满志地南下抵达旺忽察都，第二天，已经退位并从大都北上迎接他的弟弟文宗也来到此地，二人在行宫举行盛大宴会。初六，明宗暴死。文宗在严密保护下疾驰上都，并在十五日于上都大安阁举行复位仪式。兄弟之间发生的骨肉相残的悲剧终于落下了帷幕。

元末红巾军起义爆发后，成燎原之势，愈演愈烈。至正十八年（1358年）十二月，由关先生、破头潘、沙刘二率领的一支红巾军由山西大同攻入上都,上都遭到毁灭性破坏,城内宫殿建筑被焚毁殆尽,元朝实施近百年的两都巡幸制度就此停罢,而元朝统治离覆灭也为时不远了。

宫阙残破,荒草萋萋,繁盛一时的上都城从此长眠在大草原上,往日的繁华终成追忆。十年后,明洪武元年、元至正二十八年(1368年)八月初二,朱元璋手下大将徐达率军北上,攻占大都,更其名为北平。因大都城区面积过大,不利于防守,明朝将大都北段城墙南移,重点防守南半部。至永乐十九年(1421年)永乐皇帝定都北平,改名北京,北京城又逐渐向南发展,从而奠定了此后北京的城市格局。

大元帝师八思巴

清代铜鎏金八思巴像

青藏高原平均海拔五千多米,许多地区终年积雪,空气稀薄,素有"世界屋脊"之称,这里自古以来就是中国少数民族——藏族的传统聚居地。

藏族历史文化悠久。7世纪,在松赞干布的领导下,藏族曾建立过强盛一时的吐蕃政权。吐蕃政权与唐朝关系密切,文成公主、金城公主先后与吐蕃赞普松赞干布、墀德祖赞联姻。唐长庆三年(823年)刻石立碑的唐蕃会盟碑,迄今屹立在拉萨大昭寺前,成为汉藏两大民族团结友好的历史见证。

蒙古政权兴起后,西藏正式纳入中国版图,成为中国领土不可分割的一部分。元朝对西藏统治的确立,与一位藏族杰出人物八思巴的贡献是分不开的。

萨迦派的崛起。 八思巴是元朝初年藏传佛教萨迦派的首领。萨迦，藏语原意为灰色的土地，因为这一教派的主寺萨迦寺所在地土色灰白，才有这样的称呼。据成书于17世纪的《萨迦世系史》记载，萨迦派的创始人官却杰波，是吐蕃政权显贵家族——款氏的后裔，原来为宁玛派教徒，后来跟随卓弥译师学习"道果法"，成为卓弥五大弟子之首。他在北宋熙宁六年（1073年）创建了萨迦寺，萨迦派即由此发展而来。

吐蕃地区原来盛行苯教，松赞干布迎娶文成公主与尼泊尔尺尊公主后，佛教传入吐蕃，逐渐开始兴盛。9世纪中叶，达磨赞普灭佛，佛教势力受到严重摧残。不久，达磨赞普被佛教僧侣刺杀，吐蕃政权也随之土崩瓦解。

吐蕃政权瓦解约一个世纪后，佛教在青藏高原复兴，并发展成独具特色的藏传佛教。藏传佛教在形成过程中产生出不同教派，这些教派大多以始创寺院为中心，逐步向四周扩大影响，形成一些较为松散的政教合一集团，萨迦派就是其中的一支。

蒙古政权在漠北高原兴起时，萨迦派正处在萨迦·班智达的领导下。萨迦·班智达是官却杰波的曾孙，萨迦派第五代首领，也是有名的"萨迦五祖"中的第四祖，本名贡噶坚赞，因为通晓"大小五明"之学，被人们尊称为"班智达"。正是在他当政时期，蒙古政权开始了对青藏高原的统一进程。

1229年，蒙古第二代大汗窝阔台即位。他把与青藏高原接壤的西夏故地——河西走廊封给自己的儿子阔端，由阔端负责经营吐蕃地区。

1239年，阔端派大将多达那波率军深入藏区腹地，接连摧毁了藏传佛教噶当派的寺院热振寺与杰拉康寺。大军撤回后，多达那波向阔端详细汇报了当地各教派的情况。在权衡利弊后，阔端最终挑选萨迦派的萨迦·班智达作为自己统治当地的代理人，并在1244年八月正式向他发出邀请。

1246年八月，年逾六旬的萨迦·班智达带领两个年幼的侄子八思巴、恰那多吉等人，历经两年多的艰苦跋涉，抵达阔端的驻地凉州（今甘肃武威）。不巧的是，阔端本人当时远在蒙古参加选举兄长贵由为大汗的忽里台，于是萨迦·班智达一行不得不留下来，等待他的返回。

阔端返回凉州后，1247年正月，双方正式开始举行会晤。会谈结束后，萨迦·班智达向藏区各派首领及亲友弟子发出许多信件，介绍此次会谈内容，其中最有名的是《萨迦班智达贡噶坚赞致乌思藏善知识大德及诸施主的信》。

在信中，萨迦·班智达首先谈到了蒙古宗王阔端对佛教的虔诚信仰、蒙古政权的强大以及先前对归降者的优待政策，而后详细开列了与阔端谈妥的各项归顺条件，内容涉及西藏的隶属关系以及户口登记、赋税征收、官吏任命、贡品缴纳等具体事项。

在收到萨迦·班智达的信后,西藏僧俗纷纷予以响应。至此,西藏地区开始归属蒙古政权,在阔端的支持下,萨迦派也一跃成为藏传佛教各派中居领导地位的教派。

会谈结束后,萨迦·班智达与阔端建立了良好关系,被尊为上师,留在凉州白塔寺。在此期间,他讲经说法,信徒日增,为藏传佛教在蒙古社会的传播打了基础。他的两个侄子,八思巴被指定为萨迦·班智达的继承人,学习佛法,恰那多吉则奉命娶阔端之女,穿蒙古服装,习蒙古语言。1251年,长年患病的阔端于凉州去世。同年,萨迦·班智达也在白塔寺圆寂,结束了他不平凡的一生。

萨迦·班智达与阔端的凉州会谈,在中国历史上是一项具有深远意义的大事。作为蒙藏关系的开拓者,他们二人以积极合作的态度和平解决了西藏的归属问题,为西藏地区最终并入中国版图迈出了重要的一步。以后元朝历代皇帝大致继承和发展了阔端的方略,利用萨迦派建立对西藏的统治。

八思巴成为忽必烈的上师。萨迦·班智达去世后,年幼的八思巴继承伯父衣钵,成为萨迦派的新领袖。

八思巴为"萨迦五祖"中的第五祖,是萨迦·班智达弟弟桑察·索南坚赞之子,本名洛追坚赞。八思巴,藏语的意思是圣者。

元代皇帝皇后礼佛唐卡

据《萨迦世系史》记载,八思巴三岁的时候,口诵莲花修法,众人惊异万分,说:"他果真是一位圣者!"从此,"八思巴"开始声名远扬,成为他的专有称谓,他的本名洛追坚赞反倒很少有人提及了。

八思巴接任萨迦教主的时候,蒙古政局发生了巨变,使萨迦派昔日的特殊地位发生了严重动摇。

1251年,经过激烈争夺,成吉思汗幼子拖雷的儿子蒙哥夺得大汗宝座,随即对反对他的窝阔台、察合台系宗王进行了残酷镇压,蒙古政权陷入血雨腥风之中。萨迦派施主阔端尽管与蒙哥关系友好,未受株连,但势力也遭削弱,尤其是管理整个吐蕃地区的大权遭到剥夺。

1252年,蒙古政权在全国进行了大规模的户口统计,其中也包括作为蒙古属地的藏区。户口统计结束后,蒙哥依照蒙古分封习俗,将西藏各派在自己的兄弟间进行了重新分配,其中蒙哥本人分得止贡派,忽必烈领有察巴噶举派,旭烈兀领有帕木竹巴派,阿里不哥领有达陇噶举派。分封者与所封教派各自达成所谓"施主"与"福田"的关系。这样一来,萨迦派原先独自与蒙古宗主接触的垄断局面被打破,其他各派僧俗首领不仅可直接与蒙古宗主打交道,而且作为大汗近亲领属,在竞争中自然要比萨迦派更具优势。

就在八思巴及其所代表的萨迦派地位岌岌可危的时候,一个重要人物出现了,他就是忽必烈。

忽必烈是当时的蒙古大汗蒙哥的同母弟,颇有雄才大略。1251年蒙哥即位后,忽必烈受命总领漠南汉地军国事务,掌握军政大权,成为当时活跃在蒙古政坛上的重要人物。

1252年,忽必烈接受兄长的委派,率军进攻大理,以完成蒙古对南宋的战略大包围。第二年,他率军抵达六盘山一带,准备南下穿过藏区。听到八思巴的声望,忽必烈专门派人请他前来会晤。

八思巴抵达六盘山后,与忽必烈进行了多次会谈。八思巴虽然年纪很轻,但他沉着冷静的态度与广博的学识,给忽必烈留下了极好的印象。在赠与随其前来的阔端之子蒙哥都蒙古马军一百名之后,忽必烈把八思巴留了下来,礼为上师,八思巴亲自给忽必烈与王妃察必授喜金刚灌顶,王妃察必则向八思巴奉献了作为自己嫁妆带来的一粒大珍珠。

八思巴与忽必烈的合作,实际上也不是一帆风顺的,双方曾因座次安排产生过分歧。八思巴认为:"受灌顶后,上师坐上座,要以身体叩拜,听从上师之言语,不违上师之心愿。"这自然让忽必烈无法接受。最后还是聪明的察必王妃从中斡旋,双方才达成一致,约定:"听法及人少之时,上师可以坐上座,当王子、驸马、官员、臣民聚会时,慈不能镇服,由汗王坐上座。吐蕃之事悉听上师之教,不请于上师绝不下诏。其余大小事务因上师心慈,如误为别人求情,恐不能镇国，故上师不得讲论及求情。"双方这一约定，既给八思巴以极高的礼遇，又充分考虑到了忽必烈的政治权威，成为以后元朝帝师制度的雏形。

在八思巴与忽必烈紧密接触期间，噶玛噶举派僧人红帽系活佛噶玛拔希也曾受忽必烈之邀，前来觐见，并受到热烈欢迎。噶玛拔希的到来，曾一度对八思巴造成威胁。不过，噶玛拔希却错误地估计了形势，不久就离开忽必烈，前往大汗蒙哥处，由此失去了与八思巴竞争的机会。

1254年，从云南大理凯旋的忽必烈与八思巴再次会面，并颁发给八思巴一道令旨，正式向世人宣告二人间结成施主与上师的关系。因这道令旨对处于困境中的萨迦派意义重大，是萨迦派地位得以确立的标志性文件，受到萨迦派历代僧人的珍视，许多萨迦派僧人能流利地背诵全文。令旨原件则一直被供奉在萨迦寺院里，据说直到20世纪初还能见到。

八思巴与忽必烈合作关系的确立，对元朝历史产生了深远影响，如果说萨迦·班智达与阔端的合作还只是蒙藏历史关系的良好开端的话，八思巴与忽必烈的合作则为这一关系的深入奠定了坚实基础。

与道教徒的大辩论。 蒙古政权入主中原后，全真道领袖丘处机应邀于1222年在大雪山（今阿富汗兴都库什山脉）拜见成吉思汗。在成吉思汗的扶持下，以全真道为核心的道教势力一度在北中国占据上风。

蒙哥汗即位后，佛教影响日渐增大，与全真道不断发生冲突。1258年，全真道因其所编《玄都宝藏》中的《老子化胡经》对佛教多所诋毁，遭致佛教各派僧人的一致抗议，官司一直打到蒙古宫廷。蒙古宫廷为此主持了一次阵容庞大的佛道大辩论。已经在蒙古宫廷崭露头角的八思巴作为佛教界代表，参加了这次大辩论。

在这次佛道大辩论中，八思巴充分展示了其博学与雄辩的口才，令世人瞩目。元人释念常《至元辨伪录》对此有非常精彩的细节描述。

当道士提出《史记》为其立论根据时，八思巴问："此谓何书？"道士说："前代帝王之书。"八思巴说："我天竺亦有《史记》，汝闻之乎？"道士回答说："未也。"八思巴说："我为汝说，天竺频婆婆罗王赞佛功德，有曰：'天上天下无如佛，十方世界亦无比。世间所有我尽见，一切无有如佛者。'当其说是语时，老子安在？"道士无语。八思巴又问："汝《史记》有化胡之说否？"道士说："无。"八思巴问："然则老子传何经？"道士说："《道德经》。"八思巴又问："《道德经》中有化胡事否？"道士说："无。"八思巴于是说："《史记》中既无，《道德经》又不载，其为伪妄明矣。"道士理屈词穷。

藏文史料《汉藏史集》《萨迦世系史》等对此也有简略记载：

当时汉地的和尚沉溺于顿悟的见地，有信奉太上老君的道士，仿照佛经伪造经典，八思巴以佛教正见辩败了十七名精通道教的狂傲的道士，使他们皈依了佛教。

前往王宫奉行佛法之时，见有信奉太上老君之教、修习神仙之道士多人，沉溺邪见，害己害人。于是，遵照皇帝之命，八思巴与多年修习道教的道士辩论，折服了所有的道士，使他们出家为僧，持佛教正见。

此次佛道大辩论，最终以佛教一方的胜利而宣告结束。按事先约定，参加辩论的全真道士樊志应等十七人被送到龙光寺前削发为僧，包括《老子化胡经》在内的四十五部道教伪经被下令禁毁，二百三十七所道教霸占的佛教寺院也被勒令归还。此次辩论结束后，八思巴撰写《调伏外道大师记》一文以示纪念，此文至今仍保存在《萨迦五祖全集》中。

珍珠诏书。 中统元年（1260年）忽必烈即位后，年仅二十八岁的八思巴被尊奉为国师，授以玉印，任中原法主，统领天下教门。

国师称号,源于印度,至少从魏晋南北朝起,就已为中原王朝所采用,作为佛教领袖的封号。蒙古入主中原后,大汗蒙哥先后礼聘海云、那摩为国师,总领全国佛教事务。八思巴被封为国师,实际上也是沿袭了这一成例。只不过随着藏传佛教的兴盛与元朝对吐蕃地区统治的加强,国师的权限已不再仅限于先前的宗教领域,对吐蕃地区世俗方面的影响力也越来越大。

至元元年(1264年),元朝正式设立总制院,由国师八思巴兼领。总制院既是当时全国佛教最高领导机构,也是管理吐蕃地区的行政机构。因唐代皇帝曾于宣政殿接见吐蕃来朝使者的缘故,至元二十五年(1288年),元朝又将总制院更名为宣政院,更加突出了这一机构管辖吐蕃地区的职能。

宣政院品级为从一品,与元代的中书省、御史台、枢密院三大机构并立,用人自成体系。长官宣政院使有多人,其中为首的宣政院使由中央政府直接任命,名列第二的宣政院使,则由帝师举荐的僧人担任。吐蕃地区的地方官员,也是"僧俗并用","军民通摄"。

作为管理吐蕃地区的最高行政机构,宣政院不仅管理当地僧众,也总揽当地军民钱谷等事务。当吐蕃地区发生变故时,元朝常派官员在当地设行宣政院加以整顿,事毕即撤销。作为宣政院直辖地,吐蕃地区在当时构成一个独立的大行政区。据成书于1434年的《汉藏史集》记载:"吐蕃三却喀不足一个行省,但由于是上师的住地和佛教教法兴盛之地,所以也算作一个行省。"由此看来,吐蕃地区在当时是被当作一个特殊省份来看待的。

至元元年八思巴兼领总制院后,忽必烈曾派他返回萨迦,责成他重组西藏地区行政体制,并颁发给他一份诏书,这份诏书在藏文史料中被称为"珍珠诏书"。所谓"珍珠诏书",是元朝皇帝颁发给吐蕃地区的一种特殊诏书。元人李翀《日闻录》对此有专门解释:"皇元累朝即位之初,必降诏天下,惟西番一诏用青纻丝书粉诏文,绣以白绒,穿真珠网于其上,宝用珊瑚珠盖之。"在这份诏书中,忽必烈除告诫吐蕃僧众要遵守教法,为元朝皇帝告天祝寿外,还要求吐蕃僧众"不可违了上师的法旨",进一步明确了八思巴在吐蕃地区的崇高地位。

八思巴返回萨迦后,随即联络各地僧教世俗首领,将西藏地区按蒙古行政体制重新编组为万户,初步确立了乌思藏十三万户体制。在十三万户体制基础上,八思巴又建立起以萨迦派为核心的西藏地方政权,即通常所说的萨迦政权。这个政权的首席行政长官——本钦,后来也同时担任乌思藏宣慰司的宣慰使。

乌思藏宣慰司是乌思藏纳里速古鲁孙等三路宣慰使司都元帅府的简称，包括乌思、藏、纳里速古鲁孙三部分，大体相当于今天西藏的拉萨、日喀则与阿里地区，受萨迦地方政权直接控制。此外，在乌思藏宣慰司的东面，元朝还相继设立了另外两个宣慰司，即吐蕃等处宣慰司都元帅府，又称朵思麻宣慰司；吐蕃等路宣慰司都元帅府，又称朵甘思宣慰司。朵思麻与朵甘思，都是藏族的地理概念，意为"下朵"与"上朵"。乌思藏、朵思麻与朵甘思三个宣慰司，在藏文史料中又被称为"三却喀"，为元代吐蕃地区的三大行政机构，直隶宣政院管辖。

创制八思巴文。至元六年（1269年），应忽必烈之邀，八思巴重返京城。这次，他向忽必烈进呈了一种特殊的礼物——"蒙古新字"，也就是通常所说的八思巴字。

八思巴创制的新字，字母主要由藏文字母组成。最初的字母表有四十一个字母（藏文三十个带有元音 a 的字母，加上 i、u、e、o 四个元音，和拼写蒙古语所用的七个字母），以后随着实际拼写的需要，又有增加。这种字母形体多呈方形，有正体与篆体两种书写形式。行款则为左起竖写，既不同于藏

八思巴文圣旨金牌

八思巴文"中书分户部印",内蒙古赤峰市克什克腾旗出土。

文的左起横写,也不同于汉文的右起竖写。《萨迦世系史》说八思巴呈献的字样是用新字书写的一份优礼僧人的诏书,可见这种新字在呈献时已达到可以使用的程度。

忽必烈得到八思巴所上新字后,非常重视,下令将这种文字在全国推广,规定:"自今以往,凡有玺书颁降者,并用蒙古新字,仍各以其国字副之。"以后又禁止称八思巴字为"蒙古新字",径称其为"蒙古字"。

为普及八思巴字,元朝还在各地设立蒙古字学与蒙古字学教授,专门培养这方面的人才。目前我们在元朝的诏旨、公文、印章、牌符、钱币乃至器皿上,都能见到八思巴字,民间坊刻本《事林广记》甚至刊载了由八思巴字拼写的《百家姓》,可见这种文字的推广程度。

辽、西夏、金朝统治期间,都曾根据本民族特点,创制过文字。成吉思汗兴起后,一度借用畏兀儿字母拼写蒙古语。忽必烈即位后,迫切想制造一种文字,这种文字不仅能满足蒙古语,而且也能满足元朝境内其他民族语言文字的拼写,也就是说,想要一种可以译写当时一切语言的文字,以使元朝境内各种语言文字的书写规范化、统一化。

八思巴创制的新字,译写对象包括蒙、汉、藏、梵、畏兀儿等多种文字，在中国历史上，是首次统一各民族文字字形的尝试，也是首次用表音符号来书写汉文的尝试，是中国古文字学方面的一大发明创造，是中国文化史上一颗闪闪发光的瑰宝。

八思巴晋升为帝师。进献蒙古新字后，八思巴于当年被忽必烈晋升为帝师，另外颁赐玉印，统领全国佛教，封号为"皇天之下一人之上开教宣文辅治大圣至德普觉真智佑国如意大宝法王西天佛子大元帝师"。

八思巴晋升帝师一职，《萨迦世系史》也有记载："八思巴到达朝廷后，在他三十六岁的阳铁马年（1270年），当皇帝再次请求八思巴传授灌顶之时，改西夏甲郭王的玉印为六棱玉印，连同诏书一并赐给，封八思巴为'普天之下大地之上西天佛子化身佛陀创制文字辅治国政五明班智达八思巴帝师'。"从此以后，帝师作为常设职位，在元代一直存在，共历十四任。荣膺帝师者，多是萨迦款氏家族成员或八思巴的弟子门徒。

帝师称号，源于西夏，多由吐蕃僧人担任，是一种比国师地位更为崇高的僧职。忽必烈设帝师很有可能是借鉴以往西夏的做法，只不过在新的历史时期，又赋予许多新的内容，从而形成元代特有的帝师制度。

在元代，帝师作为皇帝精神上的导师，首要职责是向皇帝传

大元帝师之印,西藏博物馆藏。

授佛法,祈祷皇室福寿,保佑元朝国运昌盛。元朝历代皇帝均受帝师佛戒,逐渐形成定制。在八思巴的建议下,忽必烈还在大明殿御座上安置一白伞盖,顶部素缎,书写金字梵文——"镇伏邪魔护安国刹"。每年正月十五日,都要用盛大仪仗迎接白伞盖,周游皇城内外,为芸芸众生祈祷福祉。以后"游皇城"逐渐发展为大都一个重要的全民宗教节日活动。为元朝宫廷讲授佛法,也是帝师的一项重要职责。八思巴曾多次为元朝皇室成员讲授佛经,他给忽必烈太子真金讲经的内容,还被编为《彰所知论》,译成汉语,由元朝政府明令颁入《大藏经》,在全国通行。

帝师的重要作用更体现在代替皇帝统领全国佛教与吐蕃地区事务,帝师法旨与皇帝圣旨在当时通行于包括青藏高原在内的全国,至今我们仍能看到很多这方面的实物。当然,帝师颁布的法旨还是要秉承皇帝旨意的。目前所见帝师法旨,开头均有rgyal-plhi lung-gis的字样,翻译成汉语,就是元代公文中常见的起首语"皇帝圣旨里",也就是秉承皇帝旨意的意思。所以说,帝师的法旨同皇帝圣旨相比,还是有着本质不同的。

西藏大学历史系副教授 亚东达瓦次仁

无论是作为帝王的忽必烈,还是作为帝师的八思巴,他们最大的智慧就体现在博大、一统、容纳这一点上。把蒙古古老的萨满文化和藏地藏传佛教文化以及汉地汉传佛教文化最后统归到大元整个国家一统化的机制里面,体现出一种包容性。统合在一起的时候,帝师统领全国佛教事务的作用很自然地显现出来了。但这种统合不是刻意地行政化地去推动,而是无形的文化交流的作用,也是一种人文力量的体现,这跟早期蒙古的治理方针是很融洽的。

八思巴圆寂。约至元八年(1271年)夏初,八思巴再次启程离开大都,在临洮滞留数年后,于至元十三年(1276年)年底回到萨迦。也许,忽必烈预感到这是他与八思巴的最后一次见面,临行前与八思巴依依惜别,并派皇太子真金率军护送他入藏。

回到阔别多年的萨迦后,八思巴在今天日喀则的曲弥举办了一次由乌思藏各地僧人参加的大法会,为期十四天。这是一次规模空前的佛教盛会,参加僧人有七万,加上一般民众,总人数达十多万。

此次回到萨迦寺,八思巴还积极搜购了大量藏文古籍与佛教经典。在他的努力下,元代萨迦寺成为当时藏区规模最为宏大的藏书中心。历经岁月蹉跎,如今的萨迦北寺藏书已随着北寺毁坏而灰飞烟灭,而南寺大殿经墙的藏书,仍保留下两万多函,受到

元代铜鎏金释迦牟尼像

海内外学界的重视,萨迦寺由此也享有"第二敦煌"的美誉。

至元十七年(1280年),八思巴于萨迦南寺的拉康拉章去世,享年四十六岁。

八思巴去世的消息传到大都,忽必烈非常悲痛。至元十九年(1282年),下令在大都为八思巴建造规模宏大的舍利塔。延祐七年(1320年),元英宗下令在全国各地普遍建造帝师殿,用来供奉八思巴,并特别规定,帝师殿的规格要比祭祀孔子的宣圣庙加大。这是中国历代王朝绝无仅有的现象。八思巴在元朝的崇高地位,由此可见一斑。

综观八思巴的一生,我们不难看出,他不仅是藏传佛教的一代法王和著名的宗教活动家,更是一位为巩固西藏地区与中央政府的关系,促进汉藏、蒙藏经济、文化交流,推动祖国统一和历史发展做出过杰出贡献的政治家。他在藏区的成功施政至今仍是我们处理民族关系和宗教关系弥足珍贵的历史镜鉴。

海上丝绸之路

使者献果品铜雕像

在中国与世界经济文化交流过程中,轻柔华丽的丝绸是一个重要媒介。古代希腊人把中国称为"赛里斯"(Seres),意思就是"丝绸之国"。古罗马人同样把丝绸称为"赛里丝国的布"或"赛里丝国的纱"。从20世纪德国历史学家里希特霍芬(Ferdinand von Richtofen)把古代从东方向遥远的西方输送丝绸的通路称为"丝绸之路"以来,"丝绸之路"这一名称逐渐为世界各国所接受,并成为古代东方与西方之间文化交流的代名词。

丝绸之路,除常见的陆路通道外,海上交通也异常繁荣,以丝绸、瓷器等为主的中国大宗商品,在东南亚、南亚、西亚乃至非洲沿海各国都有发现,与此同时,香料、药材、金银与玻璃器皿等舶来品也大量涌入中国,在此基础上的文化交流更是光辉灿烂。

海上运输图景

泉州——海上丝绸之路的起点。中国航海技术由来已久，早在新石器时代末期，就有独木舟及其附属器具的发现。1979年在山东庙岛群岛大黑山岛发现的木舟船尾残迹，距今已有四千多年。

早在指南针发明前，中国人在航海实践中就已经掌握了季风规律与利用日月星宿定位的导航技术。唐代贾耽《皇华四达记》中的"广州海夷道"，为我们提供了当时从西太平洋至印度洋海上交通的情况。

11世纪指南针的发明，是航海技术的一次巨大变革，使远洋航行成为可能，标志着航海新时代的来临。宋代《岭外代答》与《诸蕃志》是反映宋人海外地理知识的代表作。进入元代，海外贸易更加繁荣。

蒙古帝国分裂后，以今伊朗、伊拉克为中心的伊利汗国，因开创者旭烈兀与元世祖忽必烈同为成吉思汗幼子拖雷之子，两国关系密切。伊利为"从属"之意。伊利汗国奉中国的元朝皇帝为宗主，早期历任伊利汗大都要等到元朝皇帝的册命，才正式加冕即位。

合赞汗时代，命宰相拉施特组织编纂了前近代最伟大的世界史著作——《史集》。这部著作共分三大部分，每一部分又分若干分册，是一部体系庞大、包罗万象、前所未有的百科全书式历史著作。《史集》各卷已被陆续翻译成世界许多文字，其中《蒙古史》部分，因史料价值极高，早已为世界各国学者所熟悉；《中国史》部分，内容也非常详尽，是元代中外文化交流史上的一束奇葩。

《史集·中国史》首先介绍了辽（契丹）与宋的历史，比成书于元末的《辽史》《宋史》还要早。其后《史集·中国史》详尽罗列了从盘古时代到宋三十六个王朝的帝王世系，其中南北朝时代，以南朝为正统，北朝分五组，分别为十六国、北魏、东西魏、北周、北齐，最后一部分介绍了金太宗及其后裔的情况。《史集·中国史》尽管有少许错误，但真实再现了当时伊朗对中国历史的深刻了解。

元朝与西北察合台、窝阔台系后王交恶后，与伊利汗国的交往主要通过海上进行。中国福建地区的泉州，与波斯湾的忽鲁谟斯，是连接两大地区的重要港口。意大利著名旅行家马可·波罗即是沿着这一航线踏上归乡之路。

1953年,泉州南教场出土了一块石碑,碑文清楚地记载了七百多年前的一次海上旅行的全过程:

(缺)大元,进贡宝货,蒙圣恩赐赍,至于大德三年内,悬带金字海青牌面,奉使火鲁没思田地勾当。蒙哈赞大王特赐七宝货物,呈献朝廷,再蒙旌赏。自后回归泉州,本家居住,不幸于大德八年十(缺)。

上文中的火鲁没思(Hormuz),即忽鲁谟斯,今天波斯湾的霍尔木兹海峡即因此得名。因碑文残缺不全,我们无法获知此人姓甚名谁。但可以确定的是,他先是在大德三年(1299)奉命出使伊利汗国合赞汗处,受到合赞汗奖赏,回国后将合赞汗赏赐的宝物进献朝廷,又得到元朝政府的嘉奖。五年后去世。

泉州,在宋元时代,是中国乃至东亚海外贸易的第一大港口城市,因城市内外遍植刺桐树,泉州在西方以"刺桐"而闻名。泉州繁荣发达的海外贸易,招徕数以万计的外国人到这里定居或旅游,世界旅行

景教瓷墓志

叙利亚文景教碑

伊斯兰教墓顶石

家马可·波罗、伊本·白图塔都曾旅居泉州,并在他们的著作中提到这座城市。直至今天,我们在泉州仍然能感受到浓厚的多元文化交汇的气息。伊斯兰教、基督教(包括聂思脱里派基督教与天主教)、犹太教、湿婆教、摩尼教的寺院,遍布城市各个角落。来自波斯、阿拉伯、叙利亚、土耳其、中亚乃至欧洲的各国人长眠于此,留下了数百方各式各样的墓碑、墓志。

元朝灭亡南宋后,沿袭南宋制度,在泉州、庆元(今浙江宁波)、广州等重要港口设立市舶提举司,专门管理海外贸易。至元三十年(1293年)、延祐元年(1314年)先后两次颁布《市舶司则例》,对舶船出海与回港手续、抽分与舶税、禁止出口货物等做出了详尽规定。

海上丝绸之路

元白釉黑花罐

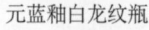

元蓝釉白龙纹瓶

花瓣形单耳金杯

玻璃灯盏

瓷器与香料。中国海外贸易的商品种类繁多，唐以前，丝绸与黄金是中国的主要出口产品。中国的丝绸生产历史悠久，产品质地精美，深受世界人民喜爱，成为当时海外各国上层社会的奢侈品，风靡一时。宋元以后，瓷器制造业在全国各地开始兴盛。

同丝绸相比,瓷器笨重易碎,适宜船运,很快成为中国海外贸易的重要出口商品。

江西浮梁景德镇制造的青花瓷器,是元代最具特色的产品之一。2009年,在北京首都博物馆举办了一次伊朗青花瓷展览会,伊朗保存的大批精美的元代青花瓷在北京亮相。实际上,20世纪以来,在东至日本西至埃及乃至东非沿海各国遗址,都有大量中国瓷器发现,这种世界性的中国瓷器海上贸易渠道几乎存在了千年之久。

在大量商品销往海外的同时,不少域外产品也进入了中国,其中香料的进口历史最为悠久,已逐渐由上层社会的奢侈品普及为日常消费品。

除香料之外,纺织品、药材、玻璃、珠宝等异域奇珍也大量传入中国。其中,元代广州地方志《大德南海志》所载"舶货"(即进口商品),主要有宝物、布匹、香货、药物、诸木、皮货、牛蹄角、杂物等几大类,这些商品主要是从南洋诸国进口的。

此外,日本、朝鲜也是当时的重要进口国,像人参、硫磺、折扇、倭刀等,在中国都享有盛名。

侨居中国的蒲氏家族。日本著名汉学家桑原骘藏1923年出版了《宋末の提挙市舶西域人蒲寿庚の事迹》,此书在中国更以陈裕菁译本《蒲寿庚考》而知名。蒲氏家族的活动由此进入人们的视野。

蒲氏家族的先世约从唐末由西域经南洋迁至广州,后来徙居泉州。这一家族擅长海外贸易,数百年来一直较为兴旺。五代时,蒲氏家族中有蒲有良奉使占城,任西洋转运使。进入宋代,家族成员蒲宗闵考中进士,多次奉命出使海外。南宋端平三年(1236年)出使安南,两年后出使占城,南宋淳祐七年(1247年)又出使渤泥(今文莱),后来就死在当地。文莱至今还保存着他的墓志,上面写着:"有宋泉州判院蒲公之墓,景定甲子男应、甲立。"立碑人"应、甲",当即蒲宗闵的长子蒲应与次子蒲甲。据《西山杂志》记载,蒲应后来也曾出使渤泥,蒲甲继任"占城转运使",与"大食、波斯、狮子之邦蛮人嘉谐"。蒲宗闵的墓碑,很有可能就是蒲应出使渤泥时所建。

蒲寿庚的父亲蒲开宗,大约在南宋绍熙元年(1190年)从广州移居泉州。这个家族在当地依靠海外贸易很快成为巨富。蒲寿庚因击败海寇有功,被南宋朝廷任命为泉州提举市舶。南宋景炎元年(1276年),元军在占领临安后,南下福建,蒲寿庚在泉州投降,他所掌握的海军由此加入元军,充实了元军的海上力量。蒲寿庚的弟弟蒲寿宬,则在南宋灭亡后隐居不出,成为南宋遗民,他的诗歌《心泉诗稿》流传至今,其中不乏怀念故国之作。

航海家亦黑迷失、杨庭璧。亦黑迷失为信奉佛教的畏兀儿人,于至元九年(1272年)、至元十二年(1275年),两次奉命出使八罗孛国,也就是今天印度西南濒临阿拉伯海的马拉巴尔。

这两次出使都很成功，带回了八罗孛国上奏表章与大量珍宝。南宋灭亡后，因熟悉东南亚与印度洋的海上航行，亦黑迷失接受忽必烈的委派，开始参与元朝经略海外的行动。

至元十八年（1281年），为配合元军征服东南亚，亦

元代迦陵频伽金冒顶饰

黑迷失第三次出海，出使占城。三年后，忽必烈将他从占城召回，派往僧迦剌国（今斯里兰卡），观礼释迦牟尼佛舍利。至元二十四年（1287年），亦黑迷失第四次出海，来到印度东南海岸的马八儿国。至元二十九年（1292年），元朝大举远征今天印度尼西亚的爪哇，亦黑迷失负责海上航行与诏谕各国来朝。不久，元军在爪哇的军事行动失败，亦黑迷失与各国使臣随军撤回。

亦黑迷失在元世祖忽必烈时代先后五次奉命远航，在海上活动二十多年，为中外文化交流做出了贡献。

约与亦黑迷失同时的航海家杨庭璧，从至元十六年（1279年）起至至元二十年（1283年），先后四次奉命出使俱蓝国（今印度南部西南海岸），沿途足迹遍及今天的印度尼西亚、马来西亚、斯里兰卡及印度南部等地，到至元二十三年（1286年），响应杨庭璧要求先后来元入贡的海外诸国有马八儿、须门那、僧急里、南无力、马兰丹、那旺、丁呵儿、来来、急兰亦带、苏木都

剌等十国。

航海世家——澉浦杨氏。澉浦是位于浙江海盐南段靠近杭州湾的一个小镇,南宋灭亡后,元朝曾在这里设市舶司,成为又一个新兴港口。澉浦海外贸易的兴盛,与元代著名航海家族——杨氏家族是分不开的。

杨氏家族本来居住在福建浦城,两宋时北迁,最后定居澉浦。南宋灭亡后,族人杨发出任福建安抚使,领浙东西市舶总使事,负责庆元、上海、澉浦三处市舶司。儿子杨梓任浙东宣慰使,参加过元朝远征爪哇的军事行动。

经杨发、杨梓两代经营,杨氏家族已成为元代为数不多的航海大家族。杨梓之子杨枢,继续了家族的远洋事业。

大德五年(1301年),年仅十九岁的杨枢,乘坐由政府出资的"官本船"出海远行。航行途中,他遇见伊利汗国合赞汗派遣的使臣那怀,二人结下了深厚友谊。于是,杨枢陪同那怀一起前往大都,并在那怀完成使命后,又奉命于大德八年(1304年)陪同那怀返回波斯。整个远航历时三年,二人于大德十一年(1307年)抵达忽鲁谟思。

杨枢往来于波涛巨浪中五年多,虽是奉命出使,可凭借的却是家族雄厚的经济实力，舟船、粮食等全由个人自备。使命完成后，他在当地购置了白马、黑犬、琥珀、葡萄酒等大量特产，满载而归。回到故土后，杨枢又效力于元朝海运事业，临终时被授予松江、嘉定等处海运千户。

外国人来华。 在中国航海家远航各国的同时，也有不少外国人来到中国。

今天的泰国在元代分为两个国家，北方为暹，南方为罗斛，后来到14世纪才统一为暹罗。南宋灭亡后，左丞相陈宜中先是渡海逃往占城，后来又辗转来到暹国，终老于此。元人《刑统赋疏》记载了泰定二年（1325年）中国船商沈荣前往罗斛，却被海贼强迫到暹国进行贸易的案件。由此可见，当时中泰海上交往是非常频繁的。

元成宗统治时期，暹国国王敢木丁曾亲自来华朝贡，成为中泰交流史上的一段佳话。

敢木丁（Rama Khamheng）是暹国历史上有名的王，他来华的历史，见于元人贡师泰《四明慈济碑》。据碑文记载，南宋泉州监舶官员杨秀投降元朝后，曾奉命出使暹国，"以其主来朝"。在路上，他们遇到危险，"风猛涛怒，舟几覆"，但最终还是抵达大都。敢木丁去世后，新王洛泰也曾在1299年来朝，受赐虎符、金缕衣等。

世界著名旅行家伊本·白图塔（Ibn Battuta）出生于摩洛哥丹吉尔。1332年，他离开家乡，只身一人向东寻梦，开始了近三十年的旅游冒险生涯。1333年，伊本·白图塔抵达印度德里，受到德里苏丹的热情款待。1342年，元顺帝的使节抵达德里，伊本·白图塔奉德里苏丹之命，率使团陪同元朝使者回访中国。

伊本·白图塔在中国游历了刺桐（泉州）、穗城（广州）、行在（杭州）等地，在游记中，他提到了中国的银锭和钱币，政府专门负责倒换纸钞的机构，中国城市中的回回人聚居区，市舶司机构对船舶出海，回港的检验制度等等。值得注意的是，伊本·白图塔还提到了泉州回回人首领不鲁罕丁与舍剌甫丁，而二人的名字都可以在元末吴鉴撰写的《清净寺记》中找到。

伊本·白图塔的游记，是我们了解14世纪上半叶包括中国在内的东方各国历史文化的宝库。

《真腊风土记》与《岛夷志略》。 真腊是中国古代对柬埔寨的称呼。元人周达观在元贞元年（1295年）曾奉命出使真腊，在当地逗留一年有余，回国后撰写了一部书，这就是著名的《真腊风土记》。

宋元时代，柬埔寨正处于吴哥王朝的鼎盛时期，今天我们依然可以从吴哥窟的建筑艺术遥想当时光辉灿烂的文化。《真腊风土记》根据作者亲身经历，分四十余节，对吴哥王朝的典章制度、风土人情等做了较为全面的记录。在当地文字记载稀缺的情况下,《真腊风土记》反倒成为今天我们了解吴哥王朝历史的主要资料,备受重视。

与周达观不同的是,《岛夷志略》的作者汪大渊是一位民间航海家,从至顺元年(1330年)起,他先后两次随商船游历南海诸国。《岛夷志略》则是汪大渊对两次亲身远航经历的总结,全书总共涉及亚非欧三大洲二百二十多个国家与地名,对远至东非的各国山川、习俗、风景、物产等情况都有非常生动、可靠的记述,对后世影响很大。

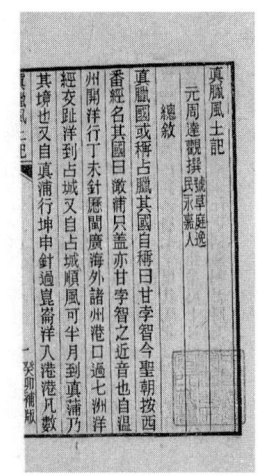

《真腊风土记》,全面记述了真腊(柬埔寨)的情况。

明初随郑和下西洋的马欢,早年曾仔细研读《岛夷志略》,以后三次随郑和出使海外,将沿途所见与《岛夷志略》相印证,并在景泰二年(1451年)写成《瀛涯胜览》一书。在序言中,他这样写道:"余昔观《岛夷志》,载天时气候之别,地理人物之异,慨然叹曰:'普天下何若是之不同耶!'……予以通译番书,亦被使末,随其所至,鲸波浩渺,不知其几千万里,历涉诸邦,其天时、气候、地理、人物,目击而身履之,然后知《岛夷志》所著者不诬。"

当然,马欢的书虽然比《岛夷志略》叙事详细,但所及地域之广却远逊于后者。

元朝官修疆域图志。蒙古人兴起后,征服了大半个欧亚大陆,其中许多地方是此前中国人知之甚少的地区。

元贞元年(1295年),元朝政府开始着手编纂一部全面反映元朝辽阔疆域的总志——《大一统志》,同时准备编绘相应的地图。这无疑需要在传统汉地舆图的基础上,吸收当时高度发达的伊斯兰世界的制图技术与舆图资料。当时在秘书监任职的回回天文、地理学家札马剌丁在这方面做出了很大贡献。

札马剌丁在给世祖忽必烈的上奏中提出自己的设想,即将已经征集上来的汉地图籍四五十册,与自己掌握的"回回图子",汇总在一起,编成元代的地图总集。札马剌丁的地图总集没有流传下来,但至顺元年(1330年)元朝修成的《经世大典》地图显然与此有关。

此外,《大德南海志》是元人陈大震撰写的刊行于大德四年(1304年)的一部广州地方志。

广州,是古代中国南方的重要贸易口岸,元朝政府在此设立市舶司,专门负责进出口货物的检验与征税。《大德南海志》原书二十卷虽大都失传,但残留下来的第六卷详细开列了从海外诸国进口的货物清单,及与当地通商的海外国家和地名一百四十七个。据此,我们可以看出当时广州对外贸易的兴盛状况。

如果说宋代《岭外代答》《诸蕃志》的记载还多取自传闻的

话，那么《大德南海志》则是元初广州地区对外贸易的一份官方实录，内容比《岭外代答》《诸蕃志》的可信度自然更高。

《混一疆理历代国都之图》是在元末苏州人李泽民《声教广被图》等的基础上完成的，这份地图形制庞大，较为明确地标明了今天的欧洲、非洲、中东和波斯湾等地区。其中地名虽然与《经世大典》图有很大出入，并非出自一源，但很显然，地图的西半部分也应来自伊斯兰世界的地理学知识，是东西方地理学融合交汇产生的结果。

元代绣花夹衫（局部）

元朝政府在组织人力编辑地图的同时，还曾派人到福建沿海各地调查"海道回回文剌那麻"，所谓剌那麻，就是波斯语"行路指南"的意思。看来，当时福建沿海聚居的从事海外贸易的回回人，一定掌握了不少阿拉伯世界的航海资料。明初郑和下西洋，包括他本人在内的船队成员中有许多回回人，这决不是一种巧合。

海上丝绸之路以丝绸、瓷器贸易为开端,其意义却远远超出这些物品本身。千百年来,它把世界各地文明和文化发源地连接在一起,形成了一条连接亚、非、欧、美的海上大动脉,各种文明通过这条大动脉相互接触、碰撞、融合。它比陆上丝绸之路延续的时间更长,通往的地区更广,成为推动世界文明进程的巨大力量。

海上丝绸之路的历史证明,对外开放、对外经济文化交流越多,国家就越繁荣富强。甚至可以说,海上丝绸之路,就是构建当今世界不以掠夺和控制为目的的真正意义的"全球化"的先声。

马可·波罗与中国

马可·波罗像

"七百年前的一天,有三个男子汉从一艘不很大的带桨帆船上走了下来,在威尼斯的石铺码头登岸。他们脚穿高至膝盖的脏皮靴,身穿绸面皮袍,另有缎带紧系腰间;绸面的质地很考究,但已露出一些碗大裂口,从里面露出了粗裘毛衬料。这些破烂不堪的大袍是蒙古式的,下摆只长及膝,前胸用一排圆形纽扣扣住……到家后,三个人脱去破烂不堪的皮袍,换上长可拖地的绯红色威尼斯式绸面大袍。接着,他们拾起又脏又破的蒙古袍,撕开衬里,那些原先藏在衣缝里的翡翠、红宝石、石榴石和钻石,纷纷掉落在地上。"

这段文字出自英国汉学家吴芳思的笔下,书的名字叫《马可·波罗到过中国吗》,而吴芳思转述的实际上是16世纪意大利人拉木学的记载。

从吴芳思的书名，我们不难想象，直至今天，仍有人怀疑马可·波罗到过中国。当然，今天绝大多数学者认为，纠缠于马可·波罗是否到过中国没有太大的意义，因为同时期，有许多像马可·波罗那样的外国人来到中国游历，并且都留下了生动的文字。也许，我们更应该关注的，是马可·波罗们笔下的那个时代，和那个由蒙古人建立的王朝，对中国乃至对世界跨入近现代门槛，所产生的深远影响。

初至上都。13 世纪出现的蒙古铁骑曾令整个世界胆寒。但历史充满了悖论，破坏和建设往往如影随形。正如欧洲殖民者的坚船利炮打开了东方的现代之门，蒙古马蹄声碎之处，东方文明也在有意无意之间浸润着西方的土地。对此，法国历史学家格鲁塞曾有一个形象比喻："将环绕禁苑的墙垣吹倒，并将树木连根拔起的风暴，却将鲜花的种子从一个花园传播到另一个花园。"

元代胡人石像

在此之前，东西方国家虽有上千年的往来，但此疆彼界的政治格局，地理距离的遥远险恶，也在事实上限制着双方交往的深入。

13 世纪初成吉思汗兴起后，随着蒙古政权的不断对外扩张，一个史无前例的庞大帝国开始出现了。在东起太平洋西至多瑙河的广袤土地上生活的众多民族，都成为其统治下的臣民。

蒙古帝国的扩张是残酷血腥的，几乎所有被蒙古人征服的国家，都曾痛苦不堪。可毋庸讳言的是，蒙古的扩张实际上也打破了东西方间长期的政治壁垒，而统一完善的驿站系统，又使欧亚大陆的交往畅通无阻，在无形中缩短了东西方的空间距离，由此，这一时期也成为前近代东西方交流最为兴盛的一个时期。

随着蒙古铁骑向西不断扩张，中国对西方世界的认识逐步深入。蒙古第一次西征期间，作为成吉思汗的随员，耶律楚材以亲身经历撰写了《西游录》，全真教首领丘处机应邀到大雪山会见成吉思汗后，其随行人员也撰有《长春真人西游记》，这两部书，都成为今天研究13世纪上半期中亚地区历史地理的重要著作。

文明的交流向来都是相互的。当中国的四大发明逐渐被西方人所熟悉的时候，西方的商人们也将异域奇珍带到了中国。

马可·波罗的父亲和叔父都是威尼斯的商人。1271年，携带教皇写给蒙古大汗的书信和赠予大汗的礼物，十七岁的马可·波罗随家人万里迢迢，来到了中国，并在1275年夏抵达上都开平府。

此时，蒙古的大汗是成吉思汗的孙子忽必烈。与祖父最初统一草原部落时遇到的情形不同，忽必烈所面对的最主要的难题，是如何把大量的不同民族、不同信仰的人民，凝聚成一个大一统的王朝。

上都是忽必烈的龙兴之地，农耕文明与游牧文明在此完美地交融在一起。初来乍到的马可·波罗完全被这里的景色所迷倒，在游记中，他写道：上都是忽必烈大汗建造的都城，城内有一座大理石的宫殿，极其美丽。宫殿的所有殿堂和房间里面都镀了金，绘有各种鸟兽花木，工巧至极。其设计、装饰赏心悦目，令人叹为观止。宫殿有墙垣环绕，圈出的范围约有十六英里。墙内有泉渠、川流和草原，也有各种野兽，只是没有猛兽。这里的动物都是大汗猎鹰的食物。

元大都印象。 马可·波罗在华十七年，大都是他待得最久的城市，也是他最熟悉的城市。这座国际大都市有一个响亮的突厥语名字——"汗八里"，也就是大汗之城。马可·波罗在游记中也这样称呼它。

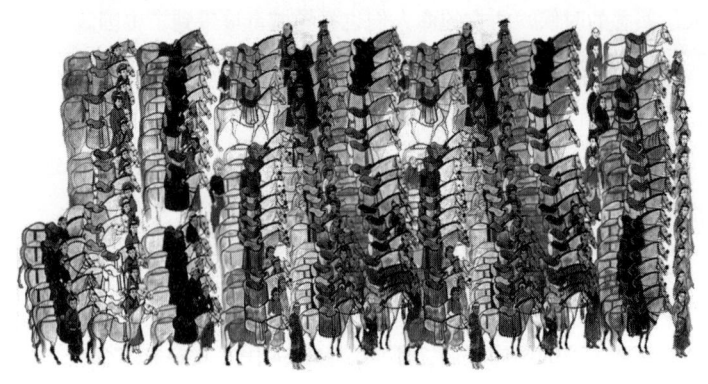

夏日在上都的马匹和马夫

马可·波罗对大都的布局、城市管理、社会风俗都有非常详细的描述,这里的每一件事物,对他而言,都颇为新奇。不过,最吸引他注意的,是大都地区商品经济的繁荣。"凡是世界上最为稀奇珍贵的东西,都能在这座城市找到……这里出售的商品数量,比世界上其他任何地方都多。"他在游记中这样写道。

在大都,马可·波罗看到一种前所未闻的货币——纸币。他发现这种纸币实际上是用树皮制作的,人们把树皮剥开,取出外面粗皮与树干之间那层白色的细皮,将细皮浸泡在水中,随后再把它放入石臼中捣碎,就可以制成纸币原料。这种纸币用途很广,如果因长期使用而损坏,只要支付纸币面额百分之三的费用,就可以立即换取新的纸币。当然,熟悉元朝历史的人都会知道,马可·波罗见到的,就是忽必烈发行的纸币——中统与至元宝钞。

马可·波罗对中国各地的商品、物产颇为敏感,在游记中不厌其烦地加以叙述,这大概与他的职业有关。作为受到蒙古统治者重用的威尼斯商人,他在华的身份很有可能是斡脱商人。斡脱商人往往由色目人充当,持有蒙古统治者颁发的牌符,到各地经商,为蒙古统治者赚取利润。

《事林广记》中的元代生活图景

煤是今天人们再熟悉不过的东西,据元代北京地方志《析津志》的记载,当时大都的居民已经开始使用采自郊外西山的煤炭。不过,在当时世界绝大多数地方,人们还不懂得如何使用煤。

马可·波罗对能够燃烧的"黑石头"——煤充满了好奇。在游记中,他这样写道:"这种黑石头燃烧起来和木柴没有什么差别,但它的热度优于木柴。如果夜间燃烧,等到第二天早晨石头的火也不会熄灭。"并说,"这种石头可以取之不尽,而且价格十分低廉。"

熟悉北京的人都知道卢沟桥,但知道卢沟桥在西方也叫"马可·波罗桥"的人恐怕就不多了。这一得名当然要归功于马可·波罗的介绍。在游记中,他对这座世界上最美丽的桥有着生动的描述:此桥长三百步,宽超过八步,即使十个骑马的人在桥上并肩而行,也不会感觉狭窄。这座桥有二十四个拱,由二十五个桥墩支撑着,建筑工艺非常高超。桥是用极美的大理石修建的,两侧是美丽的栏杆,用大理石板和石柱结合,布置奇佳。登桥时桥面比桥顶略宽。桥两边的栏杆非常整齐,就像用墨线画出来的一样。桥头各有一个高大的石柱,立在石龟上,柱子的底部、顶部各有一个狮子。桥上还有雕刻石狮的美丽石柱,两柱的距离为一步半,各柱之间用大理石板为栏,雕刻种种形状。石板两端嵌以石柱,全桥都是如此。有了这些大理石栏杆,行人就不会失足落水。

很难想象如不是身临其境,马可·波罗如何能有如此传神之笔。

人间天堂杭州。杭州是江南地区首屈一指的大城市。马可·波罗多次光顾此地,他把杭州称为Quinsay,很显然,他沿用的是南宋时的称呼——行在。马可·波罗把杭州称为"天城",不远的苏州称为"地城",这不由得使人想起"天上天堂,地下苏杭"这句古老的谚语,显然,不通汉语的他曲解了这句谚语。

在游记中,马可·波罗对杭州众多桥梁、街道、运河所构成的纵横交错的水陆交通,都有非常仔细的描述,也许正是杭州与其家乡威尼斯相似的美丽,使马可·波罗对杭州发出了由衷赞叹:"这座城市的庄严和秀丽,堪为世界其他城市之冠,这里名胜古迹非常之多,使人们想象自己仿佛生活在天堂。"

马可·波罗虽然在中国旅居多年,但从游记来看,他显然不懂汉语。不过,作为旅居中国的色目人,他只要是掌握蒙古语、波斯语或者突厥语中的任意一种,就可以在自己的生活圈子中畅通无阻,而马可·波罗显然具有这种能力。

作为元代江南最繁华的大都市,杭州琳琅满目的商品与热闹非凡的集市,自然不会被常年经商的马可·波罗放过。在游记中,他写道:城内除掉各街道上密密麻麻的店铺外,还有十个大

元代彩绘陶车俑

广场或市场,这些广场每边都长达半英里。大街位于广场前面,街面宽四十步,从城的一端笔直地延伸到另一端,有许多较低的桥横跨其上。这些方形市场彼此相距四英里。广场的对面,有一条大运河与大街的方向平行。这里的近岸处有许多石头建筑的大货栈,这些货栈是为那些携带货物从印度和其他地方来的商人而准备的。从市场角度看,这些广场的位置十分利于交易,每个市场在一星期的三天中,都有四五万人来赶集。所有你能想到的商品,在市场上都有销售。

马可·波罗所说的广场前面的大街,实际上就是南宋杭州的御街。南宋的御街到底是什么样子呢?

2008年3月,杭州市文物考古所进驻中山中路,寻找南宋御街的踪迹。经过近二十天的挖掘,在中山中路112号附近,距离地面约两米处,两段尘封了数百年之久的南宋御街重见天日。

在很长一段时间内,考古工作者挖到的南宋御街是由香糕砖铺成的,但历史学家根据相关文献却说,南宋御街是条石板路。据《咸淳临安志》记载,整条御街长一万三千五百余尺,"旧铺以石",纵横共用石板三万五千三百多块。

这次发现了两处香糕砖的道路,一处是斜的排列,比横的砖要低一些,因受力较均匀,这些斜的御街是基础,在上面后来又横着铺了一层香糕砖。这种香糕砖是宋代的典型砖,外形似香糕,较现代砖细长。这种砖比普通的砖要沉,硬度强,敲起来声音清脆。

如果说《马可·波罗游记》可能是杜撰,难道历史文献也有谬误?

很快,所有的谜团都有了清晰的答案。在香糕砖之上,考古人员意外地发现了一些南宋的石板。除此之外,还发现了压在上面的元代大街、明清大街以及民国时的道路。

南宋御街宽达十六点五米,现在发掘的只是局部。从发掘的情况看,原先的御街都是香糕砖铺的,到南宋后期,才全部铺上了石板。这次的考古发现与马可·波罗的记载相吻合,在元代地层,发现了一条用石块砌成的沟,正是元代大街东边的排水沟,而这条大道也都铺上了石板。现在的中山中路宽约十二点五米,元代大街相比要宽得多。

西湖是杭州最著名的景点,相信每一个到过此地的人都会流连忘返。马可·波罗对西湖景色有长篇累牍的描绘:在湖的周围有许多宽敞美丽的住宅,都是达官贵人的寓所。还有许多寺院,寺中住着众多僧侣,他们都十分虔诚可敬。靠近湖心处有两个岛,每个岛上都有一座美丽华贵的建筑,里面分成无数的房间与独立的亭子。……在湖中有大量供游览的游船,这些船长约十五至二十步。船底宽阔平坦,所以航行时能保持平稳。所有喜欢泛舟行乐的人，或是携带自己的家眷，或是呼朋唤友，雇一条船就可以到湖上荡舟。船上有很多桌椅和各种必需的器皿。船舱上面铺着一块平板，船夫就站在上面，用长杆插入湖底撑船前进。湖深不过三四米，想去哪里都可以，随心所欲。船顶的下面和船舱四壁，悬挂着各种图画。船身两侧的窗户可以随意开关，游客坐在船里就能饱览全湖风光。在湖上游览的乐趣，的确胜过陆地上的任何游乐。整个湖面宽广明秀，站在离岸不远的船上，可以观赏全城的景色，能看到各处的宫殿、庙宇、寺观、园囿、树木。在湖上还可以欣赏其他游船，它们载着游人，往来不绝，风光宜人。

马可·波罗对西湖的描绘，即使在今天，也不能说是过时的。

沿京杭大运河南下。元朝灭亡南宋后，南北阻隔被打破，全国实现了统一。为了进一步加强南北地区联系，元朝在以前运河的基础上，截弯取直，陆续开凿了济州河、会通河、通惠河，使杭州到大都的运河航道全线贯通。马可·波罗来华期间，目睹了大运河建成后所带来的奇迹，称："河中的水宽而深，就像大河一样。它起到很好的联结作用。满载货物的大船可以从瓜洲一直航行到汗八里城。"

马可·波罗曾多次沿大运河南下，游览运河沿岸的城市。这些城市，在他的游记中都有较为详细的记载，下面让我们来看看他在镇江是如何进行记述的。

在镇江，马可·波罗提到当地聂思脱里派基督教的传播情况。指出当地在至元十五年（1278年），蒙古大汗曾任命一位叫马薛里吉思（Mar Sarghis）的基督教徒为地方官，治理当地三年。他在任期间，曾建立两座基督教堂，而在他之前，当地并没有一座礼拜堂。

据元代至顺年间编纂的《至顺镇江志》记载，当地确实有过一位名叫马薛里吉思的副达鲁花赤，而且他确实也是基督教徒。马薛里吉思是在至元十五年上任的，上任时间与马可·波罗所记完全相符。马薛里吉思在镇江当地建礼拜堂的情况，《至顺镇江志》也有详细记载，指出他曾在镇江、丹徒、杭州先后建立过七座聂思脱里派基督教堂。

此外，马可·波罗还回忆说，在他到镇江前，在瓜洲对岸看到江中"有一座完全由岩石构成的岛屿，岛上建有佛寺一座，寺内住着二百名和尚，敬奉众多偶像"。这显然就是我们所熟知的金山寺。只不过，沧海变桑田，当年在江心的金山寺，因长江南岸泥沙淤积，如今已与南岸连为一体，成为镇江著名的名胜古迹。

上面介绍的，只是《马可·波罗游记》的几个小片段。

实际上，《马可·波罗游记》所记中国见闻，涉及地域之广阔，细节之生动，都是无与伦比的。

几乎像我们所见到的同时代其他游记一样,在具体年代、数字、地理状况等方面,《马可·波罗游记》都有不准确、前后矛盾,甚至是严重失实的地方,而且由于马可·波罗本人不懂汉语,再加上目前所见抄本种类繁多,使得游记中出现的大量地名、人名,已经变得难以释读。但不可否认的是,如果不是身临其境,是很难讲得那么具体生动的。

返回威尼斯,《马可·波罗游记》出版。马可·波罗一家久居中国,思乡心切,多次向忽必烈提出返乡要求,都没有获得批准。但机会最后还是被他们等到了。

忽必烈的侄孙,统治波斯地区的伊利汗国君主阿鲁浑汗,在王妃卜鲁罕去世后,根据她的遗愿,派遣三位使臣到元朝,请求迎娶一位与卜鲁罕同族的姑娘。忽必烈在卜鲁罕的同族中挑选了一位名叫阔阔真的姑娘,让三位使臣带回去。

马可·波罗一家听到这个消息后,马上向忽必烈提出愿意护送阔阔真一行到伊利汗国。这次,忽必烈答应了他们的请求。

1291年初,马可·波罗一家从泉州港扬帆出海,从此,告别生活了十七年之久的中国。1293年,抵达伊利汗国霍尔木兹港,以后又于1295年回到阔别已久的家乡——威尼斯。

20世纪40年代,我国著名学者杨志玖先生在《永乐大典》所录元代《经世大典·站赤门》中找到一份材料,讲的是1290年前往伊利汗国阿鲁浑汗处的三位使臣支请口粮的事情。非常有意思的是,三位使臣的名字分别为兀鲁觯、阿必失呵、火者,与马可·波罗游记中提到的伊利汗国三使臣Oulatai(兀鲁觯)、Apusca(阿必失呵)与Coja(火者)发音正好相符。这为马可·波罗到过中国提供了一个有力的旁证。

回到家乡的马可·波罗,在若干年后参加了威尼斯与热那亚的战争,并在战争中被俘。在狱中,为了打发自己的无聊时间,1299年,他开始向狱友鲁思蒂谦诺(Rusticiano)讲述自己在东方的种种见闻,由后者记录成书。几个月后,这部书已在意大利境内随处可见。这就是闻名后世的著作《马可·波罗游记》。

《马可·波罗游记》既是一部丰富多彩的东方见闻录,又是一部长期聚讼纷纭的旅行记。即使在其生前,也有不少人对游记的真实性产生过怀疑。1324年,马可·波罗去世后不久,又有一个扮作小丑模样的演员出现在威尼斯每年的嘉年华盛会上,他自称"马可百万",总是对任何事物都夸大其词,并辅以各种夸张的表情、手势,来取悦观众。马可·波罗被视为不诚实、爱说大话吹牛皮的人。直到今天,英语中还用"这是一个马可·波罗",来形容一桩虚假、不真实的事情。

中蒙文版《马可·波罗游记》

临终前,朋友为了马可·波罗的灵魂能够升上天国,请求他取消游记中那些难以置信的说法,而马可·波罗的回答却是:"我还没有说出自己所见所闻的一半呢!"

关于《马可·波罗游记》的真伪,争论还在继续。但无论如何,它为当时封闭的欧洲世界打开了一扇文明的窗口。

西方有学者认为,马可·波罗的游记,"不是一部单纯的游记,而是启蒙式作品,对于闭塞的欧洲人来说,无疑是振聋发聩的,为欧洲人展示了全新的知识领域和视野,这本书的意义在于它导致了欧洲人文科学的广泛复兴。"

无数的西方人为马可·波罗笔下的那个神秘的国度而着迷,被它的富庶所吸引,甚至纷纷踏上了追寻的道路,并因此而开启了人类社会一个崭新的时代。

美国蒙古学家莫里斯·罗莎比指出:"蒙古时代间接地催生了欧洲人15世纪探索世界的时代,这个时代在发现绕过好望角到达亚洲的航线和克里斯托弗·哥伦布寻找由西方通往印度之路而未果时达到高峰。"

1492年8月3日,西班牙帕洛斯港,由三艘小帆船组成的探险船队即将起航,目的地是遥远的东方。而船队的首领,也是一位意大利人,他就是日后因发现新大陆而名满天下的航海家哥伦布。

在哥伦布的行囊中,装着两本书,一本是《圣经》,另一本正是《马可·波罗游记》。

元顺帝妥懽帖睦尔

元顺帝进京

元世祖忽必烈去世后,经成宗铁穆耳十三年的统治,元朝开始陷入皇位继承危机,从大德十一年(1307年)到至顺三年(1332年),仅仅二十五年,元朝就走马灯似地换了八位君主(武宗、仁宗、英宗、泰定帝、天顺帝、文宗、明宗、宁宗),其中两个被暗杀(英宗、明宗),一个失踪(天顺帝)。致和元年(1328年)爆发的两都之战,是元朝皇位争夺的一次总爆发,战争持续时间虽不长,但几乎蔓延全国,动摇了元朝统治的根基。元统元年(1333年),元朝迎来了最后一位君主元顺帝妥懽帖睦尔,元朝历史也开始步入其发展的最后阶段。

多灾多难的少年时代。妥懽帖睦尔是元朝统治时间最为漫长的一位君主,即使不算上他最后出走上都、应昌的两年,也长达三十五年,比元世祖忽必烈的在位时间还要多一年。

从明朝仓促修成的《元史·顺帝本纪》里,我们看到的只是一位典型的亡国之君形象:懦弱、懒惰、荒淫。洪武三年(1370年),元顺帝在颠沛流离中去世后,明太祖朱元璋认为他不战而逃是顺应天命,给了他一个谥号——顺帝,而元朝君臣给他追加的庙号——惠宗,却很少被人提及。

实际上,妥懽帖睦尔在位的三十五年,也经历过从成长、振作到消沉乃至堕落的大起大落的过程。为了挽回王朝的没落、国势的衰退,他也曾未雨绸缪过。只不过,元朝政治体制长期以来形成的痼疾,到此时已变得越来越严重,在社会各种矛盾空前激化的背景下,国家机器的运转已越来越失灵,显得脆弱不堪。至正十一年(1351年),一次规模不大的民变最终演变成席卷全国的红巾军大起义,彻底葬送了这个王朝百余年的统治。

妥懽帖睦尔是武宗海山长孙、明宗和世㻋长子。他的童年时代可称得上是历经坎坷、多灾多难。

本来,大德十一年(1307年)武宗即位后,与弟弟仁宗相约"兄终弟及,叔侄相传"。可武宗去世后,即位的仁宗出尔反尔,立自己的儿子为皇太子,明宗在起兵造反失败后,被迫流亡西北。妥懽帖睦尔就是在父亲颠沛流亡中出生的。

致和元年(1328年),明宗的弟弟,也就是妥懽帖睦尔的叔

内蒙古成吉思汗陵园内壁画《成吉思汗家族图》

叔文宗夺取政权，宣布拥戴明宗即位，双方又相约"兄终弟及，叔侄相传"，妥懽帖睦尔一家终于迎来了出头之日。可祸从天降，兴高采烈的明宗还未赶到大都，就在半路上被文宗与权臣燕铁木儿毒害。尔后可怕的事情接踵发生，先是妥懽帖睦尔的母亲被文宗皇后卜答失里推进烧羊炉中烧死，紧接着文宗又根据妥懽帖睦尔乳母提供的证言，下诏宣布妥懽帖睦尔不是明宗亲生子。妥懽帖睦尔就此被逐出大都。

文宗这一纸诏书，造成妥懽帖睦尔的出身在史学界长期聚讼纷纭，有不少人怀疑他是南宋末代小皇帝恭帝的私生子。因为据《庚申外史》等书记载，明宗在流亡西北期间，曾与出家为僧的恭帝会晤，并带走了恭帝身边一名怀孕的回回女子（迈来迪），她后来生下的孩子就是妥懽帖睦尔。

至顺元年（1330年）离开京师后，妥懽帖睦尔先是被流放到与世隔绝的高丽大青岛，而后又被安置到广西静江。这些对蒙古人来说难以生存的烟瘴之地，往往是犯重罪的蒙古宗王的流放场所。看来，文宗是想让侄子在恶劣的条件下早早离开人世。

不过，妥懽帖睦尔在艰难的岁月中顽强地活了下来，而且在静江居地大园寺，还受到秋江长老的悉心教育，初具汉文化修养。即位后，他曾写过一首《赠吴王诗》："金陵使者过江来，漠

元成宗铁穆耳

元武宗海山

元仁宗爱育黎拔力八达

元文宗图帖睦尔

元宁宗懿璘质班

漠风烟一道开。王气有时还自息，皇恩何处不周回。莫言率土皆王化，且喜江南有俊才。归去丁宁频属付，春风先到凤凰台。"

要知道，在元朝所有君主中，汉文化修养方面，能与妥懽帖睦尔并驾齐驱的，也只有他的叔叔文宗了。

如果不出什么意外，妥懽帖睦尔看来是要默默无闻地终老广西了，可形势的突变，却给妥懽帖睦尔的命运带来了转机。

妥懽帖睦尔登上帝位。处心积虑地解决掉明宗后,春风得意的文宗于1330年改元"至顺",可接下来碰到的事情却极其不顺。

至顺二年(1331年),文宗长子阿剌忒纳答剌被立为皇太子仅三十九天后就一命呜呼,次子古纳答剌也身染重病。这一突发事件对笃信佛教因果报应的文宗而言打击太大了。难道这就是自己作恶而导致的报应?为了不让天谴再次降临到古纳答剌身上,文宗把古纳答剌送给权臣燕铁木儿当养子,改名燕帖古思,并几次为他做佛事,祈求平安。燕帖古思过继后,燕铁木儿多次请求立其为皇太子,但都被心有余悸的文宗一口回绝。没过多久,饱受折磨、心力交瘁的文宗就一病不起。

至顺三年(1332年)八月,年仅二十九岁的文宗去世。临终前,他深深忏悔了自己的所作所为:"以前旺忽察都之事,是朕一生所犯的大错,朕常常晚上会想到这件事,可后悔也来不及了。燕帖古思虽说是朕的儿子,朕也很爱他,可今天的皇帝宝座应该是明宗的。你们如果真的爱护朕,就应该让明宗的儿子来继承皇位,这样,我即使在九泉之下见到明宗,也可以有话来塞责啊。"

显然,文宗是想重新履行此前"叔侄相传"的约定,先让明宗的儿子即位,然后再传给自己的儿子燕帖古思。虽然史书没有明确提到文宗的属意对象是谁,但依常理推断,妥懽帖睦尔既然已经不被认为是明宗之子,那么文宗所指,就应该是明宗嫡子、妥懽帖睦尔的异母弟懿璘质班。在父亲与母亲(八不沙)相继被害后,年幼的懿璘质班被文宗留在身边,封为鄜王。文宗去世时，懿璘质班年仅七岁。

接受遗命的权臣燕铁木儿接过的是一个烫手的山芋。明宗之死，就是他与文宗一手策划的，由明宗之子即位，将来能有自己的好下场吗？

于是燕铁木儿赶紧与卜答失里皇后商量，想改立由自己抚养的燕帖古思为帝，但被与文宗有着同样想法的卜答失里皇后一口回绝。看看实在拖不下去，燕铁木儿被迫于至顺三年十月拥立懿璘质班即位，是为宁宗。

宁宗还是个不懂事的小孩子，自然不会对燕铁木儿构成什么威胁，燕铁木儿可以一如既往地主持朝政。但燕铁木儿很清楚，宁宗终有一天会长大。于是，又一幕戏剧发生了，即位仅五十三天，宁宗就被宣布"病死"，虽然三天前他还被安排在大明殿接受百官朝贺。

至此，"叔侄相传"的约定在形式上已圆满完成，该由燕帖古思接替皇位了。可当燕铁木儿重提此事时，却又遭到卜答失里皇后的拒绝。心有余悸的卜答失里大概还没有从一年前丧子的阴影中走出来，说："天位至重，吾儿恐年小，岂不遭折死耶？"于是决定立妥懽帖睦尔为帝，以燕帖古思为其继承人。无奈的燕铁木儿最终只能接受，派人南下静江寻找妥懽帖睦尔。这一年，妥懽帖睦尔已经十三岁了。

至顺三年年底，在外流放两年多的妥懽帖睦尔终于回到大都。在近郊良乡，燕铁木儿特意安排了仪仗迎接这位新主人。

此时的燕铁木儿与妥懽帖睦尔同样心情复杂，双方的心理戒备使见面显得略有些尴尬。燕铁木儿骑在马上，与妥懽帖睦尔并行，用马鞭指指点点，"语重心长"地谈到国家多难，举步维艰，以及迎接新皇帝的诸多缘由。妥懽帖睦尔只是默默地听着，一言不发。这使得燕铁木儿不禁产生了疑惧，怀疑眼前这个年轻人居心叵测。

在燕铁木儿的授意下，很快就有太史上言，说妥懽帖睦尔不可立为皇帝，立则天下大乱。这样一来，妥懽帖睦尔即位之事就被耽搁下来。直到半年后燕铁木儿去世，权臣伯颜继之而起，妥懽帖睦尔方才于元统元年（1333年）六月于上都正式即位。

扳倒权臣伯颜，顺帝亲政。妥懽帖睦尔在位的前八年，可以说是文宗时权臣势道政治的延续，这一时期又可分为元统（1333—1335年）与至元（1335—1340年）两个时期。前一时期为燕铁木儿家族与伯颜联合执政时期，后一时期为伯颜独自当权时期。此时的妥懽帖睦尔深居宫中，基本上处于渊默无为的状态。

伯颜当政时期，同以前的燕铁木儿相比，权势可谓有过之而无不及。

自元统元年起，伯颜任太师、中书右丞相，封秦王。至元元年清除燕铁木儿家族势力后，伯颜开始独任中书右丞相，至元五年（1339年）又加号大丞相，除独掌中书外，伯颜还兼任其他各类职务，官衔累计达二百四十六字，在元朝是绝无仅有的。

当时在朝官员，多为伯颜党羽，每次散朝，文武百官簇拥其退下，整个朝廷为之一空，以致"天下之人唯知有伯颜而已"。有一次伯颜过生日，满朝文武前往拜寿，因人数众多，还曾发生过踩踏事故。

伯颜专权跋扈的例子，由郯王彻彻秃一案也可见一斑。本来，伯颜出身的蒙古蔑儿乞惕部，世代为蒙古大汗蒙哥及其后裔的奴婢。按惯例，他应当称蒙哥曾孙郯王彻彻秃为使长。但随着权势日益煊赫，伯颜越来越目空一切，乃至放出豪言："我为太师，位极人臣，岂容有使长耶！"结果，不等皇帝同意，伯颜即将郯王推到光熙门外处死。其他被杀或遭贬的蒙古宗王也不在少数，这在元朝历史上是非常罕见的。

伯颜当政时对汉人、南人的歧视政策，令人发指，严重激化了元朝的民族矛盾。

伯颜当政后不久，即在至元元年采纳平章政事彻里帖木儿的提议，停废科举。伯颜还为此上奏说："陛下有太子，休教读汉儿人书，汉儿人读书好生欺负人。往时我行有把马者，久不见，问之，曰：应科举未回。我不想科举都是这等人得了。"

科举取士，自唐以来已成为中国王朝选拔官员的主要途径。元朝自仁宗延祐初实行科举以来，到元统元年已举行了七科，共取进士五百三十九人。由科举步入仕途者虽在当时的官僚集团中所占比重不大，但科举制度的实施毕竟为士人敞开了仕途大门，成为笼络士人尤其是汉族知识分子的一个重要手段。伯颜此举，显然是为了打压汉人、南人。

至元三年（1337年）四月，伯颜又下令中书省、枢密院、御史台、六部、宣慰司、廉访司及各路幕官之长，并用蒙古、色目人，汉人、南人不得学习蒙古、色目文字，进一步从制度上杜绝汉人、南人为官。此外，伯颜还以出现多起汉人、南人造反事件为由，重申汉人、南人不得手持兵器的法令，汉人、南人有马匹者也都被官府征缴。据有的记载，当时禁令之严，甚至连农民平时耕作使用的铁叉等农具也被视作兵器而遭禁，以致农民不得不改用木制农具劳动。伯颜对汉族人的仇视甚至到了病态的程度，据记载，他曾奏请杀光张、王、刘、李、赵五姓汉人，这一荒谬建议当然没被采纳。

伯颜的跋扈专权，引起了妥懽帖睦尔的极大恐惧。随着年龄的增长，他越来越感到自己的势单力薄与无奈。此时，伯颜集团内部出现的分裂，为妥懽帖睦尔亲自掌握朝政提供了绝佳良机。出来为他改变这一局面的，正是伯颜的亲侄、时任御史大夫的脱脱。

脱脱虽为伯颜之侄，自幼养于伯父家中，且在其支持下飞黄腾达，但在名儒吴直方的教导下，他接受了许多儒学文化，对伯颜的专横跋扈非常不满。在受伯父派遣入宫宿卫监视妥懽帖睦尔后，脱脱开始有意与妥懽帖睦尔身边仅有的两个亲信世杰班、阿鲁接触，并最终取得妥懽帖睦尔的信任。

至元六年（1340年）二月，乘伯颜率队到柳林围猎之际，在妥懽帖睦尔授意下，脱脱等人发动政变，一举成功夺权。伯颜被流放广东，于中途死去。文宗皇后卜答失里、其子燕帖古思也相继遭贬而死。伯颜的倒台，标志着文宗以来十余年武臣专权政治的结束，从此妥懽帖睦尔正式开始亲政。

至正更化——恢复科举，编纂法典。 妥懽帖睦尔亲政时刚过二十岁，年富力强，颇有励精图治之意。他在次年（1341年）正月正式改年号为"至正"，宣布要"与天下更始"，拨乱反正，结束以前的黑暗时代。在妥懽帖睦尔的支持下，脱脱正式出任中书右丞相，着手整顿伯颜专权时的一系列弊政，史称"更化"。

至元六年十二月，元朝宣布恢复科举考试。此后，到至正二十六年（1366年），元朝又陆续举行了九次科举考试，录取进士六百人。这对缓和伯颜专政时加剧的民族矛盾，有一定推动作用。在此期间，元朝还大兴国子监，招收蒙古、色目、汉人三监生员达三千多人。

文宗时，曾于天历二年（1329年）建奎章阁，于阁内收藏书画，聚集文人精英，常备顾问，一时传为美谈。伯颜专权期间，奎章阁无人过问，呈现出一片衰败景象。至正元年（1341年）六月，顺帝将奎章阁改为宣文阁，开设经筵，遴选名儒欧阳玄、李好文、黄溍、许有壬等为皇帝授业。妥懽帖睦尔时常在宣文阁用心读书，留心圣贤之学，与儒臣讲究历代治乱兴衰，"欣欣然有向慕之志"。

其时,又恢复太庙四时祭。太庙四时祭始于英宗,以后历朝遵行。伯颜专权期间,因平章政事彻里帖木儿的建议而改为一祭。脱脱当政后,太庙四时祭很快得以恢复。

此外,英宗朝曾编《大元通制》颁行天下,是一部具有法典性质的法律汇编。但随着法令格例的日渐增多,《大元通制》已越来越无法满足司法审判的需要。至元六年(1340年)七月,元朝正式下令由翰林学士承旨脾哈、奎章阁学士嵕嵕等删修《大元通制》,开启法典的重修工作。此项工作历时五年多,至正五年(1345年)十一月最后完成,至正六年(1346年)四月颁行天下,名曰《至正条格》。2002年,这部法典的残卷在韩国被发现,引起学界极大关注。另外,《六条政类》是一部以中书省六部为核心内容的大型政典,于至正七年(1347年)三月开始编纂,次年三月完成。

元朝建立后,因正统问题没有解决,迟迟没有修前朝史。脱脱主政后,力主辽、宋、金三朝各为正统,分修三史,并受命出任总裁官。至正三年(1343年)四月,三史编纂工作正式启动,参加编纂者既有汉族文士,也不乏少数民族知识分子。到至正五年(1345年),三史全部完成。其中的后妃、功臣列传,也在至正八年(1348年)由翰林国史院负责主持纂修。

上述更化措施,因主要是在中书右丞相脱脱当政时开始的,有的学者称之为"脱脱更化"。不过,更化应该说首先是得到了顺帝妥懽帖睦尔的支持,而且脱脱虽开更化之端,但在至正四年(1344年)即罢相,其后阿鲁图、别儿怯不花、朵儿只任相五年期间,许多更化后续政策仍得以继续进行,这说明顺帝妥懽帖睦尔才是更化自始至终的实施者。

至正更化虽然带来了一些"中兴"气象,但更多地体现为粉饰文治、调整蒙汉统治关系,很少触及当时日益严重的社会矛盾如财政危机、土地兼并等,当然也无法从根本上挽救元朝统治积重难返的颓势,再加上当时天灾频仍,民变四起,元朝统治逐渐陷入危机之中。

脱脱复出——发行"至正交钞",恢复黄河故道。至正九年(1349年),在妥懽帖睦尔的支持下,赋闲五年多的脱脱复出,又开始对朝廷弊政进行改革。此次脱脱的改革,主要有变更钞法与治理黄河。

元朝建立后,一直实行纸钞。元世祖忽必烈统治后期,纸钞发行量开始激增,以后历朝均大量印钞,再加上伪钞盛行,钞法日益败坏。至正十年(1350年),在脱脱主持下,元朝开始变更钞法,一是印行"至正交钞",实际上就是在以前的中统钞上,

元代壁画《货卖图》

加盖"至正交钞"字样。以前中统钞与至元钞比价是5∶1，而在加盖"至正交钞"字样后，二者比价却变成1∶2。二是发行"至正通宝"钱，一贯至正交钞折合铜钱一千文。次年，新钞与铜钱发行后，并未达到预期效果，且很快造成通货膨胀加剧，物价飞涨，民间甚至开始出现以物易物的现象。

黄河在中国历史上曾多次改道。至正年间，黄河多次决口泛滥，不仅造成百姓流离失所，流民激增，社会动荡加剧，而且也因浸漫运河、盐场，对元朝的经济命脉构成严重威胁。脱脱复出后，采纳贾鲁恢复黄河故道的建议，于至正十一年（1351年）四月征调大批民工、军兵，开始治理黄河。到十一月完工，黄河终于成功恢复故道。

脱脱当政期间虽建树颇多，但其性格偏狭，无法处理好与同僚的关系，至正九年（1349年）第二次任相后，脱脱对以前迫害过他的政敌睚眦必报，对患难时曾施以援手的哈麻、雪雪兄弟，则信任有加。殊不知，哈麻、雪雪兄弟是政治上的投机分子，他们帮助脱脱，仅仅是为了自己的飞黄腾达，而当脱脱无法满足二人的愿望时，他们很快就将矛头转而对准了脱脱。

至正十四年（1354年）十二月，正当脱脱踌躇满志地统率大军出征高邮时，一个针对他的阴谋在宫中发生了。在哈麻、雪雪兄弟的谗言下，一纸诏书传到了脱脱军营，脱脱被以劳师靡财的罪名剥夺了一切职务，随后又一贬再贬，于第二年被哈麻假传圣旨赐死。

元顺帝统治时期，可谓是元朝内讧发生最多的时期，这种内讧既发生在朝堂之上，也发生在朝堂之外。中枢之争、宗藩之争、父子皇位之争、军阀之争交织在一起，无一不在腐蚀元朝的统治根基，并最终断送了元朝的百年基业。

脱脱死后，哈麻、雪雪兄弟成为当权者，可好景不长，二人很快就因参与太子内禅阴谋被杀。

太子爱猷识理答腊是妥懽帖睦尔庶长子，母亲奇氏本是高丽贡女，曾专门侍奉妥懽帖睦尔饮茶。后因聪慧机敏，日渐受宠，生下皇子爱猷识理答腊后，被赐姓肃良合氏，升为第二皇后。

至正中期以后，妥懽帖睦尔逐渐怠于政事，在哈麻、雪雪等人的鼓动下，开始热衷藏传佛教的秘密修炼。相反，年富力强的太子却野心勃勃，积极谋求参与朝政。善于投机的哈麻、雪雪兄弟成为太子的支持者，开始积极策划逼迫妥懽帖睦尔退位。

至正十六年（1356年），太子阴谋败露，妥懽帖睦尔连连惊呼："朕头发没有白，牙齿没有掉，怎么说我老了呢！"不过，他虽然处死了哈麻与雪雪，可对自己的儿子却一直隐忍不发，这使太子的觊觎之心更加膨胀。

哈麻倒台后，搠思监与太平分任中书右、左丞相，搠思监虽与太子关系亲密，可太平却严守中立，太子与奇皇后多次向他暗示，但太平始终不为所动，结果被逼身亡。此后没几年，代表太子的搠思监、朴不花一方，与代表皇帝的老的沙、秃坚帖木儿一方，又展开激烈政争，双方分别勾结军阀扩廓帖木儿、孛罗帖木儿为外援，大打出手。

红巾军起义，元朝灭亡。元末红巾军起义时有两首流行的民谣："丞相造假钞，舍人做强盗。贾鲁要开河，搅得天下闹。""堂堂大元，奸佞当权，开河变钞祸根源，惹红巾万千。"看来，当时的人都把脱脱开河与变钞当作元朝灭亡的主要原因。其实，元朝统治到至正中期以后，各种社会矛盾已激化到极点，冰冻三尺，绝非一日之寒。

至元十一年五月，民间秘密组织——白莲教首领韩山童、刘福通在颍州首义。他们事先做了精心安排，在黄河河床埋下一个凿了一只眼的石人，石人背部刻有"莫道石人一只眼，此物一出天下反"几字，然后到处散布"石人一只眼，挑动黄河天下反"的谶语。当开挑黄河的民夫挖出石人时，消息很快传遍大河南北，众人沸腾了。起事的人因头裹红巾，被称为红巾军，又因多为白莲教徒，烧香拜佛，又被称为香军。

全国各地义军揭竿而起，很快发展成燎原之势。元朝统治集团起初还能征调各地兵力，采取大规模军事行动。可到至元十四年底，随着脱脱于军前罢相，百万大军溃散，元朝逐渐开始丧失战略主动权。

当时，全国的义军与割据势力主要有以下几支。

北方红巾军在1355年拥立韩山童的儿子韩林儿为"小明王"，国号宋，年号龙凤。1356年起，龙凤政权发动三路大军北伐，深入北方，对元朝统治者造成极大震动。

南方红巾军1351年拥立徐寿辉为首领，国号天完，年号治平。所谓"天完"，就是压倒"大元"之意。南方红巾军兴起后，势力很快遍布长江流域数省。后来天完将领陈友谅于1360年杀徐寿辉，建汉政权。徐寿辉另一部将明玉珍进占四川，建夏政权。此外，名义上拥戴韩林儿的朱元璋，于1356年渡江占领集庆（今江苏南京），1364年称吴王。

与此同时，非红巾军系统的张士诚，也在1356年占领平江（今江苏苏州），1363年称吴王。另一非红巾军系统的方国珍，长期占据浙东地区的温、台、庆元等路。

元末大乱后，由地方武装势力发展起来的元宗室军阀逐渐成为各战场主角，其中最有名的有两对父子，即答失八都鲁与孛罗帖木儿、察罕帖木儿与扩廓帖木儿。前者出身蒙古将门贵种，世代在四川行省担任高官，后者则是早已定居河南沈丘的探马赤军户，没有太显赫的身世。两对父子在镇压农民军的过程

元代铜火铳

中，都逐渐发展壮大起来，成为支撑元朝统治的重要军事力量。

不过，至少从至正二十年（1360年）起，两支武装力量之间就冲突不断，朝廷虽多次进行调解，但都无济于事。至正二十四年（1364年），因卷入朝廷政争，孛罗帖木儿举兵进京，赶走太子，控制朝廷，次年在宫廷政变中被杀。扩廓帖木儿虽去掉了一个竞争对手，可却因拒绝逼宫得罪太子而被免职，再加上他恃才傲物，各路军阀李思齐、张良弼乃至手下的关保、貊高等人纷纷与他对抗，一时众叛亲离，也陷入窘境。

扩廓帖木儿是元末最能征善战的将领，就连明太祖朱元璋也对他十分敬佩。明人记载认为他本为汉人，名王保保，后过继给舅父察罕帖木儿为子。近年出土的扩廓帖木儿生父赛因赤答忽墓志，使我们得以纠正长期以来的错误认识，那就是，扩廓帖木儿出身蒙古，而非汉人。

正当军阀们在北方征战不已的时候，南方的朱元璋集团，却在有条不紊地进行统一各地的事业。元至正二十八年、明洪武元年（1368年）夏，徐达、常遇春率领的北伐大军一路势如破竹，已悄然打到元朝的家门口。

此时，妥懽帖睦尔方如梦初醒，匆忙下令恢复扩廓帖木儿的本兼各职，并命还在混战中的扩廓帖木儿、也速、秃鲁、李思齐等人，分头抵御明军。不过，为时已晚。诏书发布才一个星期，明军就已抵达大都郊外的通州，此时的元军或因路途遥远，或因明军阻截，根本无法回防京师。闰七月二十六日，元军与明军发生短暂交锋，一触即溃，妥懽帖睦尔于是决意北逃。

二十七日，妥懽帖睦尔宣布任命八十三岁的淮王帖木儿不花为监国，庆童为中书左丞相，留守京城。二十八日，他在清宁殿召集三宫后妃、皇太子、皇太子妃等，共同商议出逃事宜。当时宫中的空气异常沉闷，宦官赵伯颜不花痛哭流涕，对妥懽帖睦尔说："天下，是世祖的天下，陛下应当死守，怎么能弃之不顾呢！臣等愿率领城中军民与众侍卫军出城抵抗，只愿陛下固守京城。"知枢密院事哈剌章也指出，明军已经攻陷通州，如此时皇帝出逃的话，京城马上不保，应当固守待援。妥懽帖睦尔回答道："也速已经失败，扩廓帖木儿远在太原，还有什么援兵可等呢？"当天晚上，妥懽帖睦尔率领后宫亲信一干人等，开健德门北逃上都，两年后在应昌病死。

八月初二，明军由齐化门填壕破门而入，淮王帖木儿不花等留守官员大都遇难。至此，元朝在全国的统治正式宣告结束。此后的元朝残余势力虽然又与明朝对峙了若干年，但终因大势已去，最后土崩瓦解。